Marlene Shahwan

W0231164

WENN GOTT DEN PINSEL SCHWINGT

Meine turbulente *Lebensgeschichte*
zwischen Deutschland und dem Heiligen Land

SCM

Hänssler

SCM

Stiftung Christliche Medien

SCM Hänssler ist ein Imprint der SCM Verlagsgruppe,
die zur Stiftung Christliche Medien gehört,
einer gemeinnützigen Stiftung, die sich für die Förderung und Verbreitung
christlicher Bücher, Zeitschriften, Filme und Musik einsetzt.

Lektorat: Christiane Kathmann, www.lektorat-kathmann.de
Umschlaggestaltung: Stephan Schulze, Stuttgart
Titelbild: Komposition – Staffelei: unsplash, Adam Dillon; Brush: freepik;
Jerusalem: Marlene Shahwan
Autorenfoto: © Sabrina Mukarket
Bildteil: © privat
Satz: typoscript GmbH, Walddorfhäslach
Druck und Bindung: GGP Media GmbH, Pößneck
Gedruckt in Deutschland
ISBN 978-3-7751-6190-9
Bestell-Nr. 396.190

INHALT

VORWORT

Dieses Buch lädt auf eine spannende Reise ein. Von der norddeutschen Küste mitten hinein ins orientalische Städtchen Beit Jala in den Bergen Judäas. Aus einem von frommer Tradition geprägten Predigerhaushalt ins kunterbunte Durcheinander einer arabischen Großfamilie. Aus dem manchmal ziemlich kühlen Deutschland mit seinen geordneten Verhältnissen, strengen Regeln und festen Uhrzeiten hinein in den heißen, turbulenten, farbenfrohen und liebenswert-chaotischen Orient.

Marlene Shahwan hat in ihren bisher sechs Lebensjahrzehnten zwei höchst unterschiedliche Welten erlebt. Lebendig und mitreißend beschreibt sie Highlights und Tiefpunkte auf ihrem Lebensweg, Erfolge und Niederlagen, Wunder und Wunden. Vor allem die vielen kleinen Szenen aus dem Alltag, die sie so lebendig erzählt, bringen mich zum Lachen, zum Kopfschütteln, zum Staunen. Ihre Worte malen nicht nur Bilder vor mein inneres Auge. Ich knie selbst mit Mutter und Kindern in einem dunklen Wohnzimmer und suche Schutz vor Scharfschützen. Ich tobe mit auf dem ersten öffentlichen Spielplatz der Gegend und genieße das Lachen der Kleinen. Ich steige die Treppenstufen hinab zu dem finsteren Loch, in das ein Unschuldiger mehrere Wochen lang eingesperrt wird. Ich rufe »Zugabe«, wenn Dutzende von Kindern und Jugendlichen auf dem wichtigsten Platz Bethlehems biblische Wahrheiten als Musical aufführen.

Ganz nebenbei nähren all diese Szenen meine Sehnsucht. Manches von dem, was Marlene beschreibt, möchte ich selbst erleben und dazu möglichst bald mal wieder nach Israel reisen, nach Jerusalem, Bethlehem und in Marlenes Wahlheimat Beit Jala direkt nebenan.

Hier habe ich Marlene und ihren Mann Johnny vor zwei Jahrzehnten zum ersten Mal getroffen. Ihr gastfreundliches »Beit al Liqa'« (Haus der Begegnung) war für mich oft der Ausgangspunkt für Begegnungen und Ausflüge im Heiligen Land. Über die Jahre haben wir uns intensiv kennengelernt. Deshalb freue ich mich von Herzen darüber, dass Sie Marlene durch ihre ungewöhnliche Autobiografie kennen und schätzen lernen können. Und ihren Mann Johnny – den heimlichen Helden des Buchs – natürlich auch.

Marlene schildert offen und ehrlich. Sie schreibt »in Farbe« über eine Welt, die viele in Schwarz und Weiß unterteilen möchten. Beim Lesen könnte man verzweifeln über die Auswirkungen des unseligen Konflikts zwischen Israelis und Palästinensern, über Mauern und Stacheldraht, Behördenwillkür und Brutalität, Terror und Gewalt, Täter und Opfer. Marlene kennt als palästinensische Deutsche und deutsche Palästinenserin beide Seiten der Medaille, und sie nimmt kein Blatt vor den Mund. Ich spüre ihre Traurigkeit und ihren Schmerz. Und ich leide mit.

Aber viel mehr noch steckt sie mich an mit ihrer Botschaft der Hoffnung:

Die Hoffnung, dass Gott auf krummen Zeilen gerade schreiben kann.

Die Hoffnung, dass Unmögliches möglich wird, wie eine Ehe unter extremen Bedingungen zwischen zwei Menschen aus so unterschiedlichen Hintergründen. Oder der Bau des »Beit Al Liqa'« mitten in der Zweiten Intifada, zwischen Maschinengewehren und Raketen.

Die Hoffnung darauf, dass am Ende nicht die Logik von Hass, Abgrenzung und Krieg siegen wird, sondern der von Gott gestiftete Frieden.

Meine Freunde Marlene und Johnny sind keine Übermenschen, keine Heiligen ohne Fehl und Tadel. Sie sind Persönlichkeiten, die von ganzem Herzen Gott dienen wollen und in seinem Auftrag als Menschen des Friedens und der Versöhnung leben und arbeiten.

Ach, genug der Vorrede. Verschaffen Sie sich Ihr eigenes Bild. Ich bin fest davon überzeugt, dass Sie davon bereichert und beschenkt werden. Egal, ob Sie einen Bezug haben zu den Menschen in Israel und den palästinensischen Gebieten oder (noch) nicht. Marlenes Buch macht Mut zum Hoffen, zum Glauben, zum Lieben. Was könnte ein Buch mehr?

Christoph Zehendner

EINE NEUE FARBPALETTE

Es ist sechs Uhr abends. Wie so oft um diese Zeit sitze ich in meinem Atelier und male. Vor mir steht eine Leinwand, auf der ich mit Bleistift eine bekannte Szene aus Jerusalem skizziert habe. Einen Teil der Stadtmauer, dahinter die Kirche Dormitio Abbey, im Vordergrund einige Palmen. Die Zeichnung hat meine volle Konzentration verlangt, schließlich muss alles stimmen: die Dimensionen, die Proportionen und die Perspektive. Meine Augen wandern zwischen meiner Vorlage und der Leinwand hin und her. Ich nicke zufrieden.

Voller Vorfreude nehme ich mir eine Farbtube. Jetzt beginnt der eigentliche Spaß!

Bei so einem Motiv geht es nicht ohne Skizze, aber mit Farben zu arbeiten, ist meine eigentliche Leidenschaft. Wie auf der weißen Leinwand eine bunte Welt entsteht, fasziniert mich bei jedem Bild aufs Neue.

Vorsichtig mische ich ein wenig Blau in die weiße Farbe auf der Palette und beginne mit einem großen Pinsel, den Himmel zu grundieren.

Ist das zu grell? Sollte ich noch mehr Weiß in die Farbe mischen? Wird der Kontrast zu den hellen Steinen der Stadtmauer nicht zu groß?

Prüfend schweift mein Blick zuerst über die Leinwand und dann zum Fenster hinaus. Tatsächlich, auch hier ist der Himmel extrem blau. Die Häuser aus Natursteinen strahlen in der Abendsonne. Um diese Uhrzeit ist das Licht besonders schön. Fast rosarot leuchtet das Panorama von Bethlehem am Horizont.

Ich habe wohl doch den richtigen Farbton für meine Leinwand ausgewählt! Hellblau, ein sanftes Rosa oder warmes Ocker – welch ein Unterschied zu der Palette, die ich zu Beginn meiner Malleidenschaft benutzt habe. Als Jugendliche habe ich Moorlandschaften und endlose norddeutsche Wiesen gemalt, alles in gedämpften Farben oder Grau in Grau.

Die Häuser aus Natursteinen strahlen in der Abendsonne.

Heute sind meine Bilder das totale Gegenteil. Sie strahlen vor Lebensfreude und spiegeln mein Innerstes wider, das sich in meiner neuen Heimat vollkommen geändert hat. Alles ist so hell und freundlich. Morgens werde ich von herrlichem Sonnenschein geweckt und unter einem strahlend blauen Himmel geht man ganz anders durch den Tag!

Doch es gab auch andere Zeiten. Zeiten, in denen alles verloren schien, noch bevor es richtig begonnen hatte.

1 DEM HIMMEL SO NAH

Fröstelnd saß ich auf einer dünnen Matratze auf dem kalten Boden und lehnte mich gegen die steinerne Wand. Obwohl es jetzt im November tagsüber noch herrlich sonnig war, wurde es abends oft ungemütlich kalt. Doch noch mehr als die Kälte ließen mich die Maschinengewehrsalven erzittern. Heute waren die Schießereien besonders schlimm.

In unserer Neubauwohnung zwei Etagen höher war es zu gefährlich, aber hier unten in den dicken arabischen Gemäuern fühlten wir uns einigermaßen sicher. Links und rechts neben mir saßen meine Töchter Melissa und Melody. Eng aneinandergedrängt versuchten wir, uns mit einer alten, etwas muffeligen Wolldecke, warm zu halten.

Schon seit Stunden dauerten die Kämpfe an. Jedes Mal, wenn die Palästinenser mit ihren Schnellfeuergewehren schossen, antworteten die israelischen Soldaten mit Raketen. Ganz in unserer Nähe hatten die Kämpfer sich in einem einst prachtvollen Rohbau verschanzt. Von diesem »Palast« aus hatten sie einen guten Blick hinüber zu den israelischen Häusern, die nur einen Katzensprung von uns entfernt lagen. Immer wieder schossen sie über das offene Tal hinweg in diese Richtung, und nur wenige Sekunden später feuerten die dort stationierten Panzer zurück. Bei jedem Einschlag in den »Palast« erbebte unser Haus, sodass wir zitternd zusammenschreckten und noch näher aneinanderrückten.

Heute Abend setzte das israelische Militär auch Hubschrauber ein, die auf alles schossen, was sich bewegte. Was für ein Albtraum! War das hier überhaupt real oder träumte ich? Manchmal wusste ich es nicht mehr. Ich fühlte mich wie weggetreten. Ich war im Überlebensmodus, meine Gefühle waren heruntergefahren, ich reagierte nur noch mechanisch.

Gleichzeitig war es mir wichtig, für meine Kinder stark zu sein. Ich wollte ihnen die Angst nehmen. Voller Sorge schaute ich hinüber zu dem klapprigen Ehebett in der hinteren Ecke des Raums. Zwischen ihrer Oma und der Großtante lagen meine beiden Söhne Nadim und Shady. »Ist alles in Ordnung bei euch?«, fragte ich sie zum wiederholten Mal.

Meine Gefühle waren heruntergefahren, ich reagierte nur noch mechanisch.

»Ja«, hörte ich ihre verschlafenen Stimmen. Sie waren trotz der Schießereien etwas eingenickt. Kein Wunder, es ging schon auf Mitternacht zu.

»Bestimmt haben die beiden Angst«, sorgte ich mich. Es war nicht die erste Bombennacht, die sie mit ihren acht und neun Jahren erlebten. Aber nie zuvor war es so schlimm gewesen wie heute. Wenn nur Johnny da wäre! Warum musste mein Mann ausgerechnet jetzt unterwegs sein? Ich konnte nicht aufhören, an ihn zu denken.

»Bitte geh nicht! Die Kinder brauchen ihren Vater!«, hatte ich ihn angefleht.

»Ich kann nicht«, hatte er mir geantwortet. »Ein Freund von mir wurde angeschossen. Ich muss zu ihm ins Krankenhaus fahren! Bitte versteh mich doch! Ihr seid hier in Sicherheit. Es wird alles gut!«

Wie gerne wollte ich meinem Mann glauben. Aber an diesem Abend fiel mir das unglaublich schwer und ich fühlte mich von ihm alleingelassen.

Inzwischen hatte sich das Zimmer bei meiner Schwiegermutter ziemlich gefüllt. Mein Schwager war mit seiner Frau und den fünf Kindern gekommen und auch Johnnys Cousin hatte mit seiner Familie in diesem Raum Zuflucht gesucht, weil er mehr Sicherheit bot als ihre Wohnungen. Alle waren sehr aufgeregt. Die Frauen saßen zusammen und beteten das Vaterunser und das Ave Maria im ständigen Wechsel rauf und runter. Die Männer unterhielten sich laut, als wollten sie zeigen, dass sie keine Angst hatten. Nach jedem lauten Einschlag gingen sie hinaus und schauten durch die Scheibe der schweren Eingangstür vorsichtig auf die Straße.

Ich saß immer noch wie versteinert auf der Matratze. Gebannt lauschte ich dem Hubschraubergeräusch über uns. Jedes Mal, wenn es besonders laut wurde, mussten wir mit dem Schlimmsten rechnen. Plötzlich hörten wir einen ohrenbetäubenden Knall und ein Beben durchzog das alte Gebäude.

Im Stillen dachte ich, dass der nächste Raketeneinschlag uns vielleicht direkt in den Himmel versetzen würde.

Hatte es unser Haus getroffen? Wieder schauten die Männer nach draußen. Nur wenige Meter von uns entfernt war eine Rakete in den Asphalt eingeschlagen und zersplittert.

Als die Männer dies verkündeten, wurde es in unserem kleinen Zimmer immer lauter. Kinder weinten und die Frauen hörten nicht auf, zu kreischen. Alle hatten furchtbare Angst, dass die nächste Rakete uns treffen könnte. »Ich will, dass Jesus jetzt sofort wiederkommt!«, schluchzte meine zwölfjährige Tochter Melissa neben mir. Ihre Worte gaben mir einen Stich ins Herz.

»Warum müssen meine Kinder so etwas erleben?«, schrie eine verzweifelte Stimme in mir. Tränen stiegen mir in die Augen und ich brachte kein Wort über die Lippen. Behutsam zog ich Melissa an mich und streichelte ihr über den Kopf. Im Stillen dachte ich, dass der nächste Raketeneinschlag uns vielleicht direkt in den Himmel versetzen würde.

Die Stunden vergingen und ich kam aus meiner Erstarrung nicht heraus. Die Sekunden fühlten sich an wie Stunden. Mein Herz klopfte wild. Mit jedem Atemzug betete ich. Bei jedem Raketenein-schlag fühlte ich mich dem Himmel etwas näher. Müde und voller Angst harrte ich in meiner Ecke aus. Sollte das unser Ende sein?

Bumm! Schon wieder ein lauter Knall. Erneut überrollte uns eine Welle der Furcht, und das Weinen um mich herum drang tief in meine Seele.

Ich schaute hinüber zu Nadim und Shady. Sie schliefen! Mitten in diesem Lärm lagen sie friedlich da und bekamen von der Panik um sie herum nichts mit. Trotz der andauernden Kämpfe fühlten sich sicher und geborgen.

Wenn ich doch auch so vertrauen könnte wie ein Kind, dachte ich und lehnte mich an die Wand. Wie gerne wollte ich jetzt ein wenig schlafen! Doch ich war zu aufgeregt. Selbst in den kurzen Feuerpausen bekam ich die Augen nicht zu. Mein Blick wanderte ziellos durch den Raum.

Plötzlich entdeckte ich ein Bild an der Wand gegenüber, das ich zuvor nicht wahrgenommen hatte. Etwas schief und viel zu hoch hing es dort. Eigentlich passte es überhaupt nicht in das orienta-lische Ambiente des Zimmers. Vor einigen Jahren hatte ich das Pastell gemalt und meinen Schwiegereltern geschenkt. Bei meinem ersten Besuch im Heiligen Land hatte ich das Motiv fotografiert und später auf die Leinwand gebracht.

Mit seinen leuchtenden Farben nahm mich das Bild mit auf einen Spaziergang durch Jaffa. Eine wunderschöne Vorlage für ein Gemälde!

Mit groben Kreidestrichen hatte ich Boote an der traumhaften Strandpromenade dieser uralten Stadt gemalt. Wie friedlich und samten das Motiv wirkte!

Es erinnerte mich ein bisschen an meine Heimat Bremerhaven. Auch hier hatten mich die prachtvollen Schiffe in dem alten Hafen fasziniert. Als Jugendliche war ich häufig dort entlanggeschlendert. Ich hatte den freien Blick auf das Meer genossen und mir den Wind um die Ohren wehen lassen. Oft empfand ich dann Fernweh. Mich überkam die Lust, in ein Schiff zu steigen und einfach loszufahren. Ich träumte von fremden Welten und großen Abenteuern.

Und nun saß ich zwischen alten arabischen Mauern über viertausend Kilometer von meiner Heimat entfernt und rechnete jede Minute mit dem Schlimmsten. Als ich die Augen schloss, sah ich mein Leben wie einen Film an mir vorüberziehen.

2 ZU SPÄT AUFGEWACHT

Als Kind träumte ich nicht nur von der großen weiten Welt, sondern wollte auch unbedingt Künstlerin werden. Malen bedeutete mir alles. Besonders an den langen grauen Wintertagen tauchte ich in die bunten Welten ein, die auf meinem Papier entstanden. Nach dem Mittagessen heizte mein Vater den alten Ölofen in unserem Wohnzimmer ein und die ganze Familie versammelte sich in der gemütlich warmen Stube, wo jeder seiner Beschäftigung nachging. Meine Mutter bügelte oder nähte, mein Vater las ein Buch oder tippte etwas auf seiner Schreibmaschine. Meine Schwester brütete über ihren Hausaufgaben und mein kleiner Bruder spielte auf dem Teppich mit Lego. Ich breitete meine Farben auf dem Tisch zwischen meiner Schwester und meinem Vater aus und malte. Für mich gab es nichts Schöneres. Malen machte mich glücklich – und es füllte meine Zeit.

In unserem kleinen Dorf in der Nähe von Bremerhaven gab es nicht viel Abwechslung. Man konnte wenig unternehmen, deshalb waren wir meistens daheim. Wir hatten keinen Fernseher und nur wenige Spielsachen. Dafür besaßen wir viele Bücher und einen großen Garten.

Ich wuchs sehr einsam auf. Durch den großen Altersunterschied war jeder von uns fünf Geschwistern wie ein Einzelkind. Als ich in die Schule kam, wohnten mein älterer Bruder und meine eine Schwester schon nicht mehr zu Hause. Ich hatte außerhalb der Schule wenig Kontakt zu Gleichaltrigen. Nur mit meinen Cousinen und Cousins traf ich mich hin und wieder zum Spielen.

Wenn mein Vater zu Hause war, wollte er seine Ruhe. Als Pastor hatte er Bibelstunden und Predigten vorzubereiten. Unseren Lärm konnte er da nicht gebrauchen. Doch oft vergaßen wir uns beim Spielen auf dem Hof und wurden zu laut. Dann öffnete er das Fenster seines Büros und ermahnte uns. Sein Schimpfen machte mir Angst und es war mir peinlich, wenn er die Kinder, mit denen ich spielte, nach Hause schickte. Deshalb kamen nur selten Schulfreunde zu uns und auch wir wurden wenig von anderen Kindern eingeladen. Als Familie pflegten wir hauptsächlich Kontakte zu unseren Verwandten und einigen Gemeindemitgliedern. Wir waren ein kleiner geschlossener Kreis, der sich von der »bösen Welt« fernhielt, um nicht vom rechten Weg abzukommen.

Dieses Denken machte mich schon als Kind zur Außenseiterin. Ich tat mich schwer damit, neue Menschen kennenzulernen. Ich fühlte mich fremd. Nicht dazugehörig. Nicht willkommen. So flüchtete ich mich in meine eigenen Welten. Oft saß ich stundenlang in schwindelnder Höhe in Baumkronen und träumte vor mich hin. Oder ich lag im Gras und beobachtete die Wolken. Ich liebte es, kreativ zu sein. Etwas *Oft saß ich stundenlang in schwindelnder Höhe in Baumkronen und träumte vor mich hin.* zu erschaffen. Ich strickte, häkelte und nähte. Am liebsten aber malte ich Bilder. Der Traum, Künstlerin zu werden, ließ mich nicht mehr los. Doch dass ich mich in der Schule anstrengen musste, um mein Ziel zu erreichen, begriff ich damals nicht.

Schule war für mich ein notwendiges Übel. Ich passte nicht auf und saß nur meine Zeit ab. Schon nach wenigen Jahren kam ich nicht mehr mit. Zu Hause kontrollierte niemand meine Hausaufgaben oder meine schulischen Leistungen. Nachmittags saß ich zwar über meinen Büchern, aber ich lernte nicht, sondern drückte mich auf diese Art nur davor, meiner Mutter im Garten oder im Haushalt zu helfen. Stundenlang träumte ich vor mich hin und verplemperte meine Zeit. Wenn Klassenarbeiten anstanden, stellte ich mich oft krank. Ich war wohl eine gute Schauspielerin, denn meine Mutter merkte nichts und schickte mich zurück ins Bett. Manchmal sagte sie sogar: »Dann kannst du ja deinen Pullover zu Ende stricken, wenn du heute nicht zur Schule gehst!« Schließlich hatte ich so häufig gefehlt, dass sich meine Lehrer mit meinen Eltern in Verbindung setzten. Doch nun war es zu spät. Meine Noten waren zu schlecht und ich hatte zu viel verpasst. Nur mit Mühe und Not schaffte ich die Mittlere Reife.

Viel zu spät wachte ich aus meinen Tagträumen auf und entdeckte, dass ich alles verbockt hatte. Kunst zu studieren konnte ich jetzt vergessen, denn dafür brauchte man Abitur. Der Zug war für mich abgefahren. Ich war total deprimiert.

In den nächsten Monaten musste ich entscheiden, was ich beruflich machen wollte, aber mit meinen sechzehn Jahren fühlte ich mich völlig unfähig, die Weichen für meine Zukunft zu stellen. Daher ließ ich mich in eine Richtung drängen, die nicht meinen Gaben entsprach und mich nicht glücklich machte.

Doch Gott gebrauchte meine falschen Entscheidungen und Umwege, um mich auf etwas Großes vorzubereiten. Und er vergaß auch meine Träume nicht.

Aufgeregt schlug ich die Zeitung auf und suchte nach den lokalen Nachrichten. Da war er ja, der Artikel. Als richtigen Artikel konnte man ihn eigentlich nicht bezeichnen, es waren eher ein paar Zeilen unter zwei großen Fotos. »Um das Auto von Marlene Schulz aus Bokel wiederzuerkennen, muss sich niemand das Kennzeichen merken. Ihr Käfer ist längst bekannt wie ein bunter Hund – oder besser: wie ein farbenprächtiges Gemälde.« Ich hatte es mit meiner Malerei in die Zeitung geschafft. Was für ein Erfolgserlebnis! Doch wie war es dazu gekommen?

Nachdem ich die Führerscheinprüfung bestanden hatte, besorgte mir mein großer Bruder einen alten VW Käfer. Er war knallorange und an einigen Stellen schon etwas durchgerostet. Aber ich liebte dieses Auto und wollte etwas ganz Besonderes aus ihm machen. Es sollte zu mir passen und ich wollte mich darin zu Hause fühlen.

Nachdem ich den Rost entfernt und die defekten Stellen gespachtelt hatte, blieb von dem Lack nicht mehr viel übrig. Da kam mir die Idee, ihn anzumalen. Kurz entschlossen besorgte ich mir Pinsel und Farben und verbrachte meinen Sommerurlaub damit, meinen Käfer zu verschönern: ein blauer Himmel mit Schäfchenwolken, Heidelandschaften mit Fachwerkhäusern, die Weser mit ein paar Segelbooten und natürlich mit der Fähre. So gefiel mir mein Fahrzeug schon viel besser.

Stolz fuhr ich jeden Morgen mit meiner rollenden Leinwand zur Arbeit und fühlte mich dabei wie eine richtige Künstlerin. Doch wenn ich ankam, war es vorbei mit der Träumerei. Dann musste ich den farbenbekleckerten Malerkittel vergessen und in der Praxis, wo ich seit zwei Jahren arbeitete, in einen weißen Zahnarztkittel schlüpfen. Wie um alles in der Welt war ich hier gelandet?

Stolz fuhr ich jeden Morgen mit meiner rollenden Leinwand zur Arbeit.

Mein Vater hatte mir diese Ausbildungsstelle besorgt. Ohne Vorstellungsgespräch und ohne Rücksprache mit mir hatte er dem Zahnarzt einfach zugesagt. Ich hatte keine Ahnung, was mich erwartete. Aber ich wusste auch nicht, was ich sonst hätte machen sollen. So begann ich die Lehre, obwohl der Beruf überhaupt nicht zu mir passte.

Aber schon nach wenigen Wochen hatte ich die Nase voll. Die Assistenz am Stuhl war nichts für mich und ich fühlte mich nicht wohl in der Praxis. Deshalb wollte ich kündigen.

Doch ich fand keine andere Arbeitsstelle und meine Eltern setzten mich unter Druck. Sie konnten mich finanziell nicht unterstützen und redeten auf mich ein. »Du kannst nicht kündigen, bevor du etwas Neues hast!«, ermahnten sie mich.

Ich war in einer Falle. Was sollte ich tun? Ich hasste meine Arbeit, doch ich musste Geld verdienen. Mein Mofa war noch nicht abbezahlt und ich wollte für meinen Führerschein sparen. Wie sollte das alles gehen ohne eine Arbeitsstelle? Todunglücklich gab ich nach und quälte mich weiter durch die Lehre. »Wenn ich diese drei Jahre überstehe, schaffe ich bestimmt den Absprung!«, ermutigte ich mich selbst. Dann werden meine Träume endlich wahr!

Und so fuhr ich weiter jeden Morgen mit dem Mofa und später mit meinem bunten Käfer zur Praxis. Ich nahm mir fest vor, nach meiner Abschlussprüfung den Weg in Richtung Kunststudium einzuschlagen. An einer Fachhochschule in Bremen wollte ich mein Abitur nachholen. Doch dort waren kurz vor meiner Bewerbung Studiengebühren eingeführt worden. Und wieder fehlte mir das Geld, um Zukunftspläne zu verwirklichen. Wohl oder übel blieb ich in der Zahnarztpraxis.

Eines Tages klingelte eine Reporterin an der Tür. Wem denn der bunte Käfer gehörte, der auf dem Parkplatz vor der Praxis stand, wollte sie wissen. Aufgeregt folgte ich ihr nach draußen und gab stolz das erste Interview meines Lebens. »Und was hast du sonst noch für Träume?«, fragte die Frau mich nach unserem kurzen Gespräch. »Am liebsten würde ich Kunst studieren«, antwortete ich ihr etwas wehmütig. Doch der Gedanke ließ mich nicht mehr los. Ich musste unbedingt etwas tun, um mein Ziel zu erreichen.

Die tägliche Routine meiner Arbeit erfüllte mich nicht. Ich wusste, dass ich wieder malen musste, um mich lebendig zu fühlen.

Eines Tages fand ich eine Anzeige für ein Kunstfernstudium in der Tageszeitung. Die Gebühren waren erschwinglich und ich meldete mich an. Ich reduzierte meine Arbeit in der Zahnarztpraxis auf eine halbe Stelle und widmete mich den Rest der Zeit meinem Studium. Ich bekam vier große Ordner mit den Studienmaterialien zugeschickt. Zu jedem Kapitel musste ich kreative Arbeiten mit verschiedenen Materialien erstellen und einschicken und nach einigen Wochen bekam ich die gesammelten Werke mit Kommentaren und Korrekturen zurück.

Ich wusste, dass ich wieder malen musste, um mich lebendig zu fühlen.

Mit meiner traumhaft bemalten Blechbüchse durchstreifte ich die nähere Umgebung meines Wohnorts auf der Suche nach Motiven für meine Malerei. Hohe Kiefern und endlose Wiesen fing ich mit meiner Polaroidkamera ein. Dann saß ich abends mit diesen Vorlagen in meinem kleinen Zimmer und malte bis spät in die Nacht hinein.

Das Fernstudium machte mir riesigen Spaß und ich lernte sehr viel. Allerdings fehlte mir der persönliche Kontakt zu anderen Künstlern. Wie gerne hätte ich mal Tipps bekommen oder jemanden gehabt, der meine Malereien beurteilt! Doch da war niemand, mit dem ich mich austauschen konnte. Wieder war ich nur auf mich selbst gestellt. Und ich war einsam.

Beruflich konnte ich mit dem Studium nichts anfangen. Meinen Lebensunterhalt musste ich weiterhin als Zahnarzthelferin verdienen. Doch in der Praxis lief es inzwischen besser. Weil ich gut in der Krankenkassenabrechnung war, durfte ich häufiger an den Schreibtisch. Das war allemal besser als die Assistenz am Stuhl!

Nach einigen Jahren wechselte ich die Arbeitsstelle. In einer neu eröffneten Zahnarztpraxis in meinem Heimatdorf übernahm ich die Verwaltung und die Rezeption. Ich arbeitete jetzt in Vollzeit und verdiente etwas mehr.

Die Arbeit dort gefiel mir. Ich kannte die Leute im Ort und hatte inzwischen gelernt, gut mit Menschen umzugehen. Diese sozialen Kontakte machten mir Spaß, auch wenn sie oberflächlich waren und sich nur auf die Arbeit beschränkten. Mit meinem Chef und den Kolleginnen verstand ich mich gut. Ich genoss ihre Wertschätzung und setzte mich voll ein.

In der Praxis hatte ich alles im Griff. Doch in meinem Privatleben ging es schon seit Jahren drunter und drüber.

3 AUF GEFÄHRLICHEN WEGEN

Schwankend erhob ich mich von meinem Platz auf dem tunesischen Teppich und bahnte mir den Weg Richtung Ausgang. Heute war mal wieder der Bär los bei Jimmy und Katja und das kleine Wohnzimmer platzte aus allen Nähten. Das schwarze Ledersofa war voll besetzt und auf dem Boden saßen die Gäste dicht an dicht. Es dauerte eine Weile, bis ich mich zur Tür durchgearbeitet hatte.

»Du willst doch jetzt nicht mehr fahren?«, übertönte Katjas Stimme die dröhnende Musik. Durch dicke Rauchschwaden hindurch erhaschte ich ihren sorgenvollen Blick. Ich musste unbedingt nach Hause.

Stolpernd ging ich auf die Straße und kramte in meiner Handtasche nach dem Autoschlüssel. Eigentlich sollte ich nicht mehr fahren. Aber was würden meine Eltern sagen, wenn ich morgen früh nicht zu Hause wäre? Die beiden Gläser Southern Comfort vernebelten mir den Verstand. Ich hatte Angst vor dem, was ich tat, aber ich tat es trotzdem. Es war eine regnerische Nacht. Die Straßen waren rutschig. Wie viele junge Leute waren in den letzten Jahren auf ihrem Nachhauseweg von der Disco genau auf dieser Strecke verunglückt?! Wie konnte ich nur so leichtsinnig sein und mein Schicksal auf diese Art herausfordern?

Zu so später Stunde waren nur vereinzelte Autos unterwegs. Die wenigen Kilometer nach Hause kamen mir vor wie eine Ewigkeit. Nur mit Mühe konnte ich die Augen offen halten. In leichten Zickzacklinien bewegte ich mich auf der dunklen Straße. Noch eine Kreuzung, ein Dorf und dann war ich fast an meinem Ziel.

Hoffentlich erwischt mich die Polizei nicht, ging mir durch den Kopf. Krampfhaft umklammerte ich das Lenkrad und drückte meinen Fuß stärker in das Gaspedal. *Nichts wie nach Hause!*

Plötzlich kam mir in einer Rechtskurve die Leitplanke gefährlich nahe. Zu Tode erschrocken war ich auf einmal hellwach. Ich riss das Lenkrad nach links und schaffte es, das Fahrzeug vom Seitenstreifen zurück auf die Fahrbahn zu bringen. Angstperlen standen mir auf der Stirn und voller Panik schrie ich laut zu Gott. Ich wusste: Wenn ich jetzt sterbe, bin ich für immer verloren.

> Ich wusste: Wenn ich jetzt sterbe, bin ich für immer verloren.

Doch so dramatisch dieses Erlebnis auch war, es reichte nicht für eine Umkehr. Meine Sehnsucht nach Liebe und Anerkennung war so groß, dass ich mir weiterhin die falschen Freunde suchte. Gott musste noch lange auf mich warten. Aber er hatte mein Schreien gehört und er ließ mich niemals allein. Nicht einmal in den schlimmsten Stunden.

Schon seit Ende meiner Schulzeit hatte ich mich auf gefährliche Wege begeben. Gemeinsam mit meinem Cousin nahm ich bei einem Musiker im Nachbarort Gitarrenunterricht. Jede Woche fuhren wir mit unseren Instrumenten am Lenkrad die zehn Kilometer zu ihm. Jimmy, so sein Künstlername, war Gitarrist bei einer kleinen Band. Schon vor der Neuen Deutschen Welle hatten sie mehrere Platten veröffentlicht und sogar einige Fernsehauftritte gehabt. Aber den richtigen Durchbruch schafften sie nie.

Jimmy wohnte mit seiner Frau Katja und seinen Töchtern in einem alten, etwas heruntergekommenen Einfamilienhaus mit Garten. Bei ihnen war immer was los. Viele Musiker und Künstler gingen dort ein und aus, nicht nur aus seiner eigenen Band, sondern auch Leute, die aus Funk und Fernsehen bekannt waren. Ich fand das unheimlich cool.

Mit dem Gitarrespielen kam ich nicht zurecht, aber ich gab trotzdem nicht auf, denn ich brauchte einen Grund, um Jimmy und seine Gang zu treffen. Als mein Cousin den Unterricht beendete, machte ich allein weiter. Ich freundete mich mit Jimmys Frau an – das heißt, eigentlich versuchte ich eher, sie für mich zu gewinnen. Um dazuzugehören, bot ich ihr häufiger meine Dienste als Babysitter an, manchmal kochte ich sogar für die ganze Familie.

Mehrmals pro Woche liefen bei Jimmy und Katja Partys. Der Alkohol floss in Strömen und es wurden nicht nur Zigaretten geraucht. Ich fing an, zu rauchen, aber an Drogen traute ich mich nicht heran.

Wenn die Band in unserer Umgebung einen Auftritt hatte, war ich als Möchtegerngroupie dabei. Um das richtige Feeling bei dem Event zu haben, trank ich meistens ein paar Gläschen. Mehr als einmal setzte ich mich in diesem Zustand hinters Steuer und brachte mein Leben und das anderer in Gefahr. Ich bin sehr dankbar, dass trotz meiner Verantwortungslosigkeit nie ein Unfall geschehen ist.

Vorsichtig schlich ich mich im Dunkeln die steile Holztreppe zu meinem Zimmer hinauf. Ganz am Rand knarrten die Stufen am wenigsten. *Hoffentlich hörten meine Eltern mich nicht,* dachte ich. Jeden Moment könnte ihre Schlafzimmertür aufgehen und eine funzelnde Taschenlampe ihren Weg zur Toilette suchen. Nur noch ein paar Schritte, dann hatte ich es geschafft!

Erleichtert sank ich in mein Bett. *Jetzt aber schnell schlafen, damit ich morgen rechtzeitig wach werde,* dachte ich. Es war schon weit nach Mitternacht.

Als ich am nächsten Morgen in die Küche kam, stand das Frühstück noch auf dem Tisch. Hastig verschlang ich eine Scheibe

Marmeladebrot und spülte sie mit dem lauwarmen Kaffee aus der Thermoskanne herunter. Wenn ich nicht zu spät kommen wollte, musste ich mich beeilen.

Während ich um die Ecke in die Kapellenstraße bog, begann die Glocke zu läuten. Ein Auto überholte mich und parkte vor dem Gemeindehaus. Ein Ehepaar kam wie ich auf die letzte Minute. Ich huschte mit ihnen zur Tür hinein und setzte mich in eine der hintersten Reihen. Heute war das Jahresfest, ein besonderer Konferenztag in unserer Gemeinde und es würde den ganzen Tag über Predigten zu einem bestimmten Thema geben.

Nur noch ein paar Schritte, dann hatte ich es geschafft!

Mein Vater eröffnete das Programm mit einem Gebet. Er hatte gesehen, dass ich da war. Hoffentlich bemerkte er nicht, wie müde ich war. Ich konnte mich kaum auf meinem Stuhl halten. Der Restalkohol in meinem Blut machte mir zu schaffen. Bestimmt rochen meine Sitznachbarn meine Fahne und den kalten Zigarettenqualm, der sich in meine Kleidung eingenistet hatte. Egal. Hauptsache, ich war da und mir blieben die Moralpredigten meines Vaters erspart. Mir reichten schon die Auseinandersetzungen oder sein vorwurfsvoller Blick, wenn ich auf Tour ging. Wenn ich mich hin und wieder in der Gemeinde blicken ließ, hatte ich wenigstens in der Hinsicht meine Ruhe.

Die Beziehung zu meinem Vater war sehr angespannt. Wir sprachen wenig miteinander, und mit der Zeit wurde es immer stiller zwischen uns. Mein Vater schwieg, obwohl er sah, dass mein Leben den Bach hinunterging. Heute weiß ich, dass er viel für mich betete. Und er vertraute darauf, dass der gute Same, der in meiner Kindheit durch Gottes Wort in mein Herz gelegt worden war, eines Tages aufgehen würde.

Mein Vater war Mitbegründer unserer kleinen landeskirchlichen Gemeinschaft. Er hatte die Kapelle, unser Gemeindehaus, selbst aufgebaut. Doch er war auch sehr viel unterwegs. Als Reiseprediger besuchte er viele Hausgemeinden von Bessarabien-Deutschen, zu denen meine Eltern gehörten. Oft war er wochenlang weg, und wenn er dann nach Hause kam, war er für mich wie ein Fremder.

Meine Mutter war nicht berufstätig und immer für uns da. Sie führte den Haushalt, versorgte uns Kinder und kümmerte sich leidenschaftlich um ihren großen Garten. In den gemeindlichen Aufgaben stand sie meinem Vater treu zur Seite. Jeden Sonntag hielt sie eine Kinderstunde in der Kapelle. Sie hatte keine anderen Mitarbeiter und machte alles wundervoll. Noch heute erinnere ich mich an die spannenden Geschichten, die sie erzählte. Natürlich war ich immer dabei, auch bei den Kinderfreizeiten im Sommer, die meine Eltern regelmäßig durchführten.

Dort war mein Vater der absolute Star. Alle Kinder liebten ihn. Er war zwar streng, aber auch lustig. Beim Fußball oder Völkerball tobte er stundenlang mit den Kindern herum, und wenn er abends die Missionsgeschichte erzählte, war es im Saal mucksmäuschenstill. Ich war ziemlich stolz auf ihn. Doch ich war zugleich eifersüchtig auf die fremden Kinder, die von ihm aus meiner kindlichen Sicht viel mehr Aufmerksamkeit bekamen als ich. Mir gegenüber war er nur selten so herzlich und liebevoll. Stattdessen wurde ich oft bestraft, wenn ich Blödsinn machte oder zu wild war. Manchmal hatte ich richtig Angst vor meinem Vater. Dennoch war die größte Sehnsucht meines Herzens, ihm zu gefallen.

Schon als Kind wusste ich, was Sünde ist. Ich wusste, dass ich ohne Gott verloren bin. Deshalb entschied ich mich in einer Kinderstunde für Jesus. Ich wollte unbedingt in den Himmel kommen.

Fast jedes Jahr auf der Kinderfreizeit wiederholte ich diese Entscheidung. Die zehn Tage in der frommen Umgebung zeigten mir aber auch, wie schlecht ich war und dass ich immer wieder versagte. Jedes Mal nahm ich mir vor, ganze Sache mit Jesus zu machen und mich zu verändern. Doch meistens hielt ich nicht lange durch.

Später ging ich in den Teenager- und Jugendkreis unserer Gemeinde. Wir waren nur eine Handvoll Leute, größtenteils aus unserer Verwandtschaft. So richtig spannend war das nicht. Oft langweilte ich mich zu Tode, aber es gab keine Alternativen. Die Welt bestand damals für mich nur aus zwei Sorten Menschen: den Gläubigen und den Ungläubigen. So hatten meine Eltern mich seit meiner Kindheit geprägt. Immer wieder bläuten sie mir ein, dass die Welt böse ist und ich mich von ihr fernhalten sollte. So hatte ich meine wenigen Kontakte fast nur in christlichen Kreisen.

Ich wollte unbedingt in den Himmel kommen.

Durch meine neuen Freunde aus der Musikerszene geriet ich nach der Mittleren Reife immer mehr auf Abwege. Manchmal hatte ich deshalb ein schlechtes Gewissen. Aber diese Leute waren wesentlich interessanter als die langweiligen Typen aus unserem Jugendkreis. Ich wollte etwas erleben! Ich wollte cool sein! Oft machte ich mich mit meinen berühmten »Freunden« wichtig. Dabei merkte ich nicht, dass ich ihnen ziemlich egal war.

Als ich Anfang zwanzig war, wurde mein Vater sehr krank. Monatelang lag er im Krankenhaus und wurde sogar mehrere Wochen künstlich beatmet. Zwei- bis dreimal in der Woche fuhr ich in Begleitung meiner Mutter die zwei Stunden zu einer Spezialklinik nach Hamburg, um ihn zu besuchen. Seine Krankheit bewegte mich sehr und ich begann, häufiger über den Tod nachzudenken. Aber meinen Lebensstil änderte ich nicht.

Auf einer Silvesterparty im Jahr 1985 hatte ich ein besonderes Erlebnis. Die Band spielte in einer Disco in Bremerhaven und ich war dabei. Die Feier ging die ganze Nacht durch. Gegen fünf Uhr morgens war ich todmüde und mir war schlecht von dem vielen Alkohol. Doch ich konnte noch nicht nach Hause fahren, weil ich den Schlagzeuger mitnehmen und nach Hause bringen sollte. Daher musste ich warten, bis die Musiker die Anlage abgebaut und in ihrem Kleinbus verstaut hatten.

Die Disco war fast leer. Nur ein paar Gestalten bewegten sich noch auf der Tanzfläche. Blauer Zigarettenqualm durchzog den Raum und es lief laute Musik. Ich saß auf einem Barhocker und versuchte, mich wach zu halten. Was um mich herum geschah, nahm ich nur aus der Ferne wahr. Mir war, als würde ich träumen.

Plötzlich war ich hellwach. »Gott ist tot!«, donnerte eine raue Stimme aus den Lautsprechern an mein Ohr. Immer und immer wieder wurde diese Zeile im Refrain wiederholt. Ich fühlte mich, als wäre ich in der Hölle.

Wo bin ich hier eigentlich? Was tue ich hier?, fragte ich mich erschrocken. Auf einmal sah ich meinen Vater vor mir. Er lag im Krankenhaus an der Beatmungsmaschine und kämpfte um sein Leben. Er sah mich an und seine Augen waren voller Trauer. Ich schämte mich vor seinem Blick. Doch noch viel mehr schämte ich mich vor Gott. Ich fühlte, dass ich ihn durch meine Anwesenheit in dieser Diskothek verleugnete.

Gott ist nicht tot!, schrie es in meinem Inneren. *Er lebt und er ist auch in diesem Augenblick noch bei mir. Aber ihm gefällt bestimmt nicht, wo ich gelandet bin.* Ich ging nach draußen und ließ meinen Tränen freien Lauf.

»Wo bin ich hier eigentlich? Und was tue ich hier?«, fragte ich mich erschrocken.

Bei meinem nächsten Besuch im Krankenhaus nahm ich all meinen Mut zusammen, fasste die Hand meines Vaters und bat ihn um Verzeihung für alles, was ich ihm durch meine Rebellion angetan hatte. Er konnte nicht sprechen, aber er nickte. Und ich sah, wie aus seinen Augenwinkeln ein paar Tränen kullerten. Einige Monate später wurde mein Vater aus dem Krankenhaus entlassen und durfte endlich nach Hause.

Nach dem Erlebnis in der Diskothek brach ich den Kontakt zur Musikerszene ab und wandte mich wieder mehr dem Glauben und dem Jugendkreis unserer Gemeinde zu.

4 ICH GEB'S AUF

Voller Vorfreude stieg ich in den modernen Reisebus und suchte mir einen Fensterplatz in der vorletzten Reihe. Zwei aufregende Wochen lagen vor mir, auf die ich mich schon lange gefreut hatte. Ich musste einfach mal raus. Etwas anderes sehen. Neue Leute kennenlernen. Gott neu begegnen. Insgeheim hoffte ich außerdem, auf dieser Freizeit den Mann meines Lebens zu finden. Ich sehnte mich nach Liebe. Meine ältere Schwester war bereits verlobt und ich wollte unbedingt auch einen Freund haben.

Wir beschäftigten uns plötzlich auf eine ganz neue Art mit der Bibel und das tat unserem Glauben gut.

Unser Jugendkreis in der Kapelle hatte starken Zuwachs bekommen, denn mein jüngerer Bruder hatte viele seiner Freunde mitgebracht. Für uns alte Hasen waren die Neuzugänge eine echte Herausforderung. Die meisten hatten vom Glauben keine Ahnung. Sie stellten kritische Fragen und wir mussten uns anstrengen, um ihnen zufriedenstellende Antworten zu geben. Wir beschäftigten uns plötzlich auf eine ganz neue Art mit der Bibel und das tat unserem Glauben gut.

»Was macht ihr denn so bei euren Treffen?«, wollte ein Klassenkamerad meines Bruders wissen, als er ihn einlud.

»Bibel lesen und beten«, antwortete mein Bruder ohne Umschweife.

»Bibel lesen ist immer gut!«, meinte sein Freund und kam von da an regelmäßig in unseren Kreis. Wir waren eine ziemlich krasse Gruppe mit ganz schön schrägen Typen. Aber wir verstanden uns gut und trafen uns oft privat.

So gut ich mich mit den Leuten aus dem Jugendkreis auch verstand, zum Heiraten war da niemand für mich dabei. Außerdem waren die meisten ein paar Jahre jünger als ich. Auf überregionalen Jugendtreffen schwärmte ich manchmal für jemanden, aber meistens merkte ich bald, dass das Interesse nur einseitig war.

Diese Freizeit war meine große Chance. Ein ganzer Bus voll junger Leute, da musste doch der Richtige dabei sein! Neugierig kniete ich mich mit einem Bein auf den Sitz und schaute durch die Reihen. Vom Alter passte das schon, was ich an männlichen Teilnehmern erblickte. Aber auf den ersten Blick gefiel mir eigentlich niemand. Dann stieg ein junger Italiener in den Bus. Er war sehr aufgeweckt und charmant und ließ mein Herz höherschlagen. Die Reise konnte beginnen! Ich freute mich auf das Abenteuer, das vor mir lag.

Über das damalige Jugoslawien fuhren wir nach Griechenland. Am Ziel angekommen, bezogen wir ein einfaches, aber schönes Gästehaus direkt am Meer. Das Programm war wie auf den meisten christlichen Freizeiten damals: Morgenandacht, Bibelarbeiten, gemeinsames Singen, Beten, Essen. Dazu kamen Ausflüge in traumhafte Gegenden oder wir genossen den Strand.

Noch nie hatte ich so einen schönen Urlaub erlebt. Jetzt noch die große Liebe finden und mein Leben wäre perfekt!

Doch aus mir und dem Italiener wurde nichts. Zwar zeigte er ein paar Tage lang Interesse an mir, aber dann wechselte er von einem Mädchen zum anderen. Ich war enttäuscht. Auf so jemanden konnte ich verzichten!

»Ich habe keine Lust mehr, nach einem Mann zu suchen«, sagte ich Gott, als ich von der Freizeit nach Hause kam. »Wenn du willst, dass ich heirate, dann schicke einen Mann zu mir. Ich geb's auf!« Und genau das tat Gott dann.

Am 2. Januar 1987 saß ich in der Allianzgebetswoche in unserer Kapelle, als ein dunkelhäutiger junger Mann mit schwarzen Haaren den Raum betrat. Er war in Begleitung einer älteren Frau, die ich noch nie bei uns gesehen hatte.

Nach der Veranstaltung bekam ich mit, wie er sich im Flur mit jemandem unterhielt. Er sprach Deutsch mit einem starken Akzent und ich hörte, wie das Wort »Palästinenser« fiel. Ich hatte zu dem Zeitpunkt keine Ahnung, was genau Palästinenser sind, und dachte, es wäre eine Terrorgruppe.

Dann erinnerte ich mich an eine Klassenkameradin meines Bruders, die ab und zu in unseren Jugendkreis kam. Sie hatte von ihren Besuchen in Israel erzählt und erwähnt, dass sie dort nicht bei Israelis, sondern bei Palästinensern gewohnt hatte.

»Das ist schlimm!«, hatte mein Vater damals gesagt. »Wer sich mit den Feinden Israels verbündet, der stellt sich gegen Gott!«

So etwas würde ich nie tun, dachte ich und verurteilte Ruths Verhalten innerlich. Aber irgendwie klang es interessant, was sie von den Palästinensern, dem Jugendaustausch und einem gewissen Johnny erzählte.

Eine Woche später war ich mit der Bibelarbeit für den Jugendkreis dran. Ich hatte mich gut vorbereitet, packte meine Bibel, ein paar Kommentare von Papa und meine Notizen in meinem Samsonite-Koffer und machte mich auf den Weg in die Kapelle. In dem Gruppenraum saßen schon einige Leute um den großen Tisch herum. Ich suchte mir einen Platz und entdeckte schräg gegenüber den jungen palästinensischen Mann. Seine dunklen Augen trafen mich wie ein Blitz. Er sagte irgendetwas über meinen coolen Koffer und machte später noch eine Bemerkung über mein Parfum. *Ups! Was ist das denn für einer?,* dachte ich. Aber ich fühlte mich auch geschmeichelt.

Von dem Zeitpunkt an kam der junge Mann jede Woche in unseren Jugendkreis. Es stellte sich heraus, dass es derselbe Johnny war, von dem Ruth geschwärmt hatte. Er hatte viel zu erzählen. Zwar war sein Deutsch noch nicht so gut, aber das machte ihm nichts aus. Er war begeistert von Jesus und redete fast die ganze Zeit von nichts anderem. Manchmal brachte er einen kleinen Kassettenrekorder mit, legte eine Kassette mit christlicher Musik ein und fing an, lautstark mitzusingen. *Echt peinlich,* fanden wir anderen. Doch Johnny sang das Lied bis zu Ende, obwohl kein anderer mitsang.

An einem Abend erzählte er uns seine Geschichte: »Ich komme aus der Nähe von Bethlehem. Meine Eltern gehören zur griechisch-orthodoxen Kirche. Wir sind zehn Geschwister und mein ältester Bruder ist Priester. Ich bin in eine evangelische Schule gegangen und habe dort auch Deutsch gelernt. Ich dachte immer, dass ich ein guter Christ bin. Ich kannte die biblischen Geschichten aus dem Religionsunterricht und die heiligen Stätten in unserem Land. Aber ich hatte keine Ahnung, dass man eine persönliche Beziehung zu Jesus haben kann. Das änderte sich erst, als ich nach Kanada ausgewandert bin.«

Johnny schaute in die Runde. Wir hörten aufmerksam zu, denn wir waren fasziniert, wie viel er schon in der Welt herumgekommen war.

Ich hatte keine Ahnung, dass man eine persönliche Beziehung zu Jesus haben kann.

»Eigentlich hatte ich ein gutes Leben. Ich habe als Schmuckverkäufer gearbeitet und mit Diamanten viel Geld verdient. Ich hatte sogar meinen eigenen Chauffeur! Außerdem bin ich viel gereist. Ich war schon einige Male in Deutschland. Zuerst als Austauschschüler, später habe ich selbst einen Schüleraustausch geleitet.«

»Na, der muss es ja haben!«, meinte einer der Jungs zu seinen Freunden. »So viel zu reisen, könnte ich mir nicht leisten!«

»Aber all das machte mich nicht glücklich!«, fuhr Johnny fort. »Mich hat das nicht befriedigt! Ich fühlte mich leer. Dazu kam, dass die wirtschaftliche und politische Situation in unserem Land immer schlechter wurde. Ich sah keine Zukunft mehr für mich in meiner Heimat. Deshalb beschloss ich, auszuwandern. Eigentlich hatte ich immer vor, nach Deutschland zu kommen. Durch den Austausch kannte ich viele Familien hier in Norddeutschland. Doch mein Bruder, der Priester, war zu der Zeit in Kanada und leitete in Toronto eine griechisch-orthodoxe Gemeinde. Er lud mich ein, zu ihm nach Kanada zu kommen. Er meinte, ich hätte gute Chancen, eine Arbeit zu finden, und ledige junge arabische Frauen gäbe es in seiner Gemeinde eine ganze Menge. Also machte ich mich auf den Weg nach Kanada.

An einem meiner ersten Tage dort ging ich in die Innenstadt von Toronto. Ich entdeckte eine Gruppe junger Leute, die auf der Straße Lieder sangen und Zettel verteilten. Mir fiel auf, dass einige von ihnen dunkle Haut und dunkle Haare hatten. Ich sprach sie an und fand heraus, dass es Araber waren wie ich. Einer kam aus Ägypten, ein anderer aus dem Libanon, ein paar waren aus Jordanien und einer sogar aus Nordisrael. Ich fand es super, in dieser riesigen fremden Stadt Leute zu treffen, die meine Sprache sprachen. Sie gaben mir einen Einladungszettel und sagten, dass sie sich freuen würden, wenn ich am Sonntag in ihre Gemeinde käme.

Der Gottesdienst war ganz anders, als ich ihn aus unserer Kirche kannte. So lebendig und persönlich! Ich war berührt von der Predigt und von den Liedern. Nach dem Gottesdienst stürzten sich alle auf mich, um mich zu begrüßen. Ich war an diesem Tag der einzige Gast von außerhalb der Gemeinde und wurde gleich zu einer Art Junggesellenabschied eingeladen, der einige Tage später in dem Gemeindezentrum stattfinden sollte. Ich versprach zu kommen.

Die Feier fand in einem großen Kellerraum statt. Dort standen Tische und Stühle und es war ein großes Büfett aufgebaut. Ich setzte mich an einen der hinteren Tische und beobachtete die Leute. Warum waren die alle so fröhlich, obwohl es hier keinen

Alkohol gab? Ich holte meine Zigaretten aus der Hemdtasche, aber niemand rauchte. Deshalb steckte ich die Schachtel wieder weg. Immer wieder gingen Leute nach vorne, um eine kleine Ansprache für das Brautpaar zu halten. Dazwischen wurden Lieder gesungen. Solch eine Art Feier kannte ich nicht.

Nach einiger Zeit setzte sich eine junge Frau zu mir an den Tisch und fragte mich nach meinem Glauben. Ich erzählte von meiner Familie, meinem Priesterbruder und natürlich auch, dass ich aus dem Heiligen Land komme. ›Lass uns nach hinten ins Büro gehen‹, schlug meine Gesprächspartnerin vor. ›Dort ist es nicht so laut und wir können besser reden!‹ Ich nickte. Sie rief ein paar Leute zusammen und wir setzten uns. Es folgte ein langes Gespräch, in dem sie mir erklärten, warum Jesus auf die Welt gekommen ist und darüber, dass er sich selbst für mich geopfert hat, um mich zu retten. Dann fragten sie mich, ob ich Jesus in mein Leben einladen möchte. Ich wollte! Sie sprachen mir ein Gebet vor und ich sprach es nach. Als ich fertig war, gratulierten mir alle: ›Herzlichen Glückwunsch! Du bist jetzt ein neuer Mensch!‹

Warum waren die alle so fröhlich, obwohl es hier keinen Alkohol gab?

Das war für mich total komisch, denn ich fühlte nicht, dass sich irgendetwas bei mir verändert hatte. Ich war immer noch derselbe, der vor einer halben Stunde mit ihnen in den Raum gegangen war. Ich dachte, bei dem Gebet würde etwas Außergewöhnliches passieren, wie eine Stimme vom Himmel oder sonst etwas Übernatürliches. Aber es geschah nichts.

Enttäuscht wollte ich nach Hause gehen. Der Bräutigam bot mir an, mich zu fahren. ›Hast du eine Bibel?‹, fragte er unterwegs. ›Nein, aber mein Bruder ist Priester. Der hat bestimmt eine‹, antwortete ich.

Zu Hause fragte ich meinen Bruder und er gab mir ein kleines Neues Testament mit Psalmen. Ich fing gleich an, darin zu lesen.«

Johnny holte eine arabische Gideon-Ausgabe im Taschenformat aus seiner Jacke und hielt sie hoch. Sie sah schon ziemlich zerlesen aus.

»Ich habe dieses Buch schon ein paarmal durchgelesen!«, erzählte er mit Begeisterung in der Stimme. »Überall, wo ich unterwegs war, hatte ich es dabei. Manchmal bin ich stundenlang mit der S-Bahn durch Toronto gefahren und habe dabei gelesen. Ich konnte einfach nicht aufhören. Die Worte sprachen zu mir und sie veränderten mich. Als ich nach sieben Monaten Kanada verlassen musste, merkte ich, dass ich tatsächlich ein neuer Mensch geworden bin!«

»Dann hat das Gebet von damals also doch etwas bewirkt?«, wollte einer der Jugendlichen wissen.

»Und ob«, antwortete Johnny. »Ich habe es nur nicht gleich gemerkt.«

»Und warum musstest du Kanada verlassen?«, fragte ein anderer.

»Ich hatte nur ein Touristenvisum, aber ich brauchte eine Arbeitserlaubnis, um länger in Kanada zu bleiben. Deshalb musste ich ausreisen und ein neues Visum beantragen.«

»Das heißt, du willst wieder nach Kanada zurückkehren?«, hörte ich jemanden fragen.

»Wenn ich ein Arbeitsvisum bekomme, werde ich das auf jeden Fall tun. Die Gemeinde in Toronto ist mein zweites Zuhause geworden!«

Aha. Dann ist der auch bald weg!, seufzte ich in mich hinein. Jetzt ist da endlich mal jemand, den ich ganz interessant finde, und dann ist der sozusagen nur auf der Durchreise.

Johnny arbeitete auf der Hühnerfarm von Frau Zemke, der älteren Dame, mit der er zum ersten Mal in unsere Gemeinde gekommen war. Eigentlich hatte er sie nur kurz besuchen wollen, weil er ein Jahr zuvor als Leiter des Jugendaustauschs bei ihr untergebracht gewesen war. Er hatte ein Rundreiseticket mit Zwischenstopp in Brüssel und wollte nach wenigen Tagen seine Reise nach Israel fortsetzen. Doch weil Frau Zemke zur Kur musste, suchte sie jemanden, der für sie auf der Hühnerfarm einsprang.

»Ich kaufe dir ein neues Ticket, wenn du für mich arbeitest!«, versprach sie ihm. Sie war eine gläubige Frau und hatte seit seinem letzten Besuch viel für Johnny gebetet. Dass er nun zum Glauben gekommen war, begeisterte sie total.

So ging sie zur Kur und Johnny kümmerte sich um ihre Farm. Er versorgte die zweitausend Legehennen, sammelte täglich die Eier ein, sortierte sie und verkaufte sie auf dem Wochenmarkt. Was für eine Karriere! Vom Diamantenhändler zum Eierverkäufer! Bei uns im Jugendkreis hatte er schon bald den Spitznamen Chicken-John weg.

Was für eine Karriere! Vom Diamantenhändler zum Eierverkäufer!

Für Johnny war die Arbeit auf der Hühnerfarm nur ein vorübergehender Job. Er träumte weiterhin von Kanada und den Leuten aus der Gemeinde dort, die ihm so ans Herz gewachsen waren. Doch sein Visumsantrag wurde abgelehnt. Darüber war er sehr enttäuscht.

Er entschied, vorerst nicht nach Israel zurückzukehren, denn er brauchte Zeit, um sich über seinen weiteren Lebensweg klar zu werden. So blieb er in Deutschland, wo er ein Visum für sechs Monate bekam, und ging weiterhin regelmäßig in unsere Gemeinde.

Im Rahmen des Jugendkreises lernten wir uns immer besser kennen. Johnny zeigte mir offen, dass er mich mochte, und machte mir viele Komplimente. Ich fühlte mich umworben und begehrt, aber mehr wollte ich mit ihm zu dem Zeitpunkt eigentlich nicht. Oft fuhren wir als Gruppe nach der Jugendstunde in eine Kneipe im Nachbarort. »Bei Petra« war ein beliebter Treffpunkt für junge Leute. Man konnte dort gut und günstig essen und es gab einen großen Billardraum. Hier hingen wir samstags einige Stunden ab, bevor wir gegen Mitternacht in die Disco gingen.

Johnny kam oft mit zu »Petra«. Wir spielten gemeinsam Billard und unterhielten uns. Aber dass wir als Gläubige in die Disco gingen, kritisierte er heftig. Auch gefiel ihm nicht, dass ich rauchte. Bei einer unserer ersten Begegnungen stand ich vor der Jugendstunde mit einigen anderen vor der Kapelle und genoss meine Zigarette. Johnny kam dazu und fragte: »Du bist die Tochter des Predigers und rauchst?« Man konnte ihm ansehen, wie sehr er mein Verhalten ablehnte.

Im Gegensatz zu uns anderen Jugendlichen ging Johnny mittwochs in den Bibelgesprächskreis unserer Gemeinde und freundete sich dort mit meinem Vater an. Mein Vater war total begeistert von ihm. Er liebte es, auf seine vielen Fragen zu antworten, und es gefiel ihm, mit wie viel Respekt Johnny ihm begegnete. Auch das Herz meiner Mutter hatte der junge Mann durch seine charmante Art schon nach kurzer Zeit gewonnen.

Eines Abends fragte Johnny mich, ob ich ihn nach dem Besuch »Bei Petra« nach Hause fahren könne. Ich wollte an dem Abend sowieso nicht mit den anderen in die Disco und so willigte ich ein. Als wir vor der Hühnerfarm angekommen waren, öffnete Johnny mir sein Herz. Er gestand mir, dass er sich in mich verliebt hatte, und erklärte: »Gott hat mir gesagt, dass du meine Frau wirst!«

Das war dann doch etwas zu übereilt für mich! Ich sagte ihm, dass ich ihn zwar mochte, es aber viel zu früh fände, um übers Heiraten zu reden. Schnell verabschiedete ich mich und fuhr ziemlich verwirrt nach Hause.

In den darauffolgenden Wochen versuchte ich, mir über meine Gefühle klar zu werden. Doch das war gar nicht so einfach. Ich war ohne Zweifel verliebt, aber wollte ich mich wirklich auf eine Beziehung mit einem Mann aus einer fremden Kultur einlassen? Ich betete, hörte aber keine Antwort von Gott. Da wir uns durch die Gemeinde und auch privat ständig trafen, wuchs mir Johnny immer mehr ans Herz und schließlich überwogen meine Gefühle für ihn.

Johnny war so ganz anders als ich. Durch ihn lernte ich viele Leute aus unserer Umgebung kennen, mit denen er durch den Jugendaustausch Kontakt hatte. Sie begegneten mir alle sehr positiv und freuten sich, dass wir zusammen waren. Doch aus meinem Bekanntenkreis kamen viele negative Reaktionen. Da gab es die erschreckende Aussage: »Schwarz zu Schwarz und Weiß zu Weiß!« Jemand anderes sagte mir: »Der wird niemals ein Partner für dich sein, so wie du es dir vorstellst!« Das verletzte mich sehr.

Wenn wir Johnnys Freunde besuchten, wurde viel über die Situation der Palästinenser geredet. Was ich da zu hören bekam, war alles neu für mich und ich empfand es als sehr belastend. Ich hatte keine Ahnung von dem israelisch-palästinensischen Konflikt, der seit vielen Jahren schwelte. Politik interessierte mich überhaupt nicht und plötzlich befand in mich mittendrin in einem Problem, mit dem ich eigentlich nichts zu tun hatte. Nach solchen Gesprächen drehte sich mir der Kopf.

Eines Tages wurde mir das alles zu viel und ich machte Schluss.

Die Kommunikation zwischen Johnny und mir war damals sehr mühsam. Er sprach wirklich gut Deutsch, aber es kam trotzdem immer wieder zu Missverständnissen. Für tiefere Gespräche reichten seine Sprachkenntnisse noch nicht. Und ich selbst sprach nicht ausreichend Englisch. Eines Tages wurde mir das alles zu viel und ich machte Schluss.

Doch nach der Trennung war ich auch nicht glücklich. Ich vermisste Johnny.

An einem Wochenende fuhr ich mit ein paar Leuten aus dem Jugendkreis nach Hamburg, wo wir gemeinsame Freunde besuchten. Wir schlenderten durch die Stadt und über den Fischmarkt und sahen uns die verschiedenen Verkaufsstände an.

Zwischen den Fischverkäufern und den vielen Topfpflanzen aus Holland entdeckte ich eine Kiste mit frisch geschlüpften Küken. »Guck mal, wie süß!« Mit diesen Worten zog ich meine Freundin Sabine zu den kleinen Federknäueln.

»Das wäre doch was für Chicken-John!«, neckte sie mich, wohl wissend, dass für mich die Sache mit Johnny noch nicht abgeschlossen war.

»Willst du Küken haben?«, mischte sich der Verkäufer in unser Gespräch ein. Ich winkte ab, doch er ließ nicht locker. »Komm her, ich schenk dir welche!« Er griff in die Kiste und schon hatte ich zwei flauschig weiche Küken in der Hand. Schnell steckte ich sie in meine Handtasche und lief den anderen hinterher, die schon ein paar Stände weitergegangen waren.

Zu Hause angekommen, rief ich sofort auf der Hühnerfarm an. »Ich brauche Futter für Küken!«, erklärte ich dem ziemlich überraschten Johnny. Noch am selben Abend kam er mit einer Tüte Körner und kümmerte sich um die Tiere.

»Am besten komme ich jeden Tag, um sie zu füttern und nach ihnen zu sehen!«, schlug er mir beim Abschied vor. Ich hatte nichts dagegen, denn genau das hatte ich mir erhofft.

So sahen wir uns wieder häufiger und unsere Beziehung wuchs, ebenso wie die Küken. Schon bald verloren sie ihren gelben Flaum. Eines bekam weiße Federn und das andere schwarze. Als sie für den Pappkarton auf meinem Balkon zu groß wurden, nahm Johnny sie mit auf die Hühnerfarm.

Nur kurze Zeit später besuchten wir gemeinsam meine Eltern, die am selben Ort wohnten, und Johnny hielt um meine Hand an. Ich war beeindruckt von der Geste. Als mein Vater mich einige Tage später allein erwischte, teilte er mir allerdings seine Bedenken mit: »Kind, hast du dir das richtig überlegt? Johnny wird bestimmt eines Tages in seine Heimat zurückgehen wollen. Wirst du dann bereit sein, mitzugehen?«

»Johnny wird bestimmt eines Tages in seine Heimat zurückgehen wollen.«

Ich schob diesen Gedanken schnell zur Seite. Wir würden sicher in Deutschland bleiben. Und selbst wenn nicht, für mich war klar, dass ich mir ein Leben ohne Johnny nicht mehr vorstellen konnte. Er war mein Held mit seiner übersprudelnden Begeisterung für Jesus. Er spornte mich an, meinen Glauben wirklich im Alltag zu leben.

Jetzt oder nie, dachte ich. *Entweder ich komme jetzt mit Johnny an meiner Seite Gott näher oder ich bleibe weiterhin so lau, wie ich es in den letzten Jahren gewesen bin.*

Ich entschied mich für Johnny. Es fühlte sich gut an. Nicht einfach, aber richtig.

5 GOTTES SEGEN IN ZWEI SPRACHEN

Voller Vorfreude und ein bisschen nervös saß ich auf dem Beifahrersitz unseres kleinen roten Wagens und hielt meinen Brautstrauß umklammert. Vor uns fuhr ein Kombi mit offener Heckklappe, in dem jemand saß und alles filmte. Wir waren ein Konvoi von ungefähr zehn Autos. Alle fuhren mit Warnblinkanlage und hupten die ganze Zeit. Johnny, der unser Auto fuhr, war völlig aus dem Häuschen. Er trommelte auf das Lenkrad und winkte zum Fenster hinaus.

Das laute Gehupe zog die Aufmerksamkeit der ganzen Straße auf sich. Leute blieben in ihren Vorgärten stehen und schauten uns nach, entgegenkommende Autos hielten an, Kinder winkten. So etwas hatte unser Dorf noch nie gesehen.

Es war ein warmer Sommertag, an dem die Landwirte besonders fleißig waren. Noch bevor wir auf die Hauptstraße bogen, mussten wir dreimal einem Trecker mit Güllefass ausweichen. Der Gestank und der Anblick passten so gar nicht zu unserer Festgesellschaft. Als uns auf der Fahrt zum Nachbarort noch mehr solcher Fahrzeuge entgegenkamen, konnten wir uns vor Lachen nicht mehr halten.

»Das ist jetzt schon der siebte Trecker!«, meinte Johnny.

»Und alle sind auf unserem Video! So ein Schei...!«, scherzte ich.

Wenige Minuten später kamen wir in Beverstedt an. Vor der Kirche warteten noch mehr Gäste auf uns. Es waren Verwandte und Freunde von mir und eine Gruppe von etwa zwanzig palästinensischen Jugendlichen mit ihren Gastfamilien, darunter Johnnys jüngere Schwester und einer seiner Brüder. Erst vor wenigen Tagen waren sie in Deutschland angekommen, und wir waren froh, dass wenigstens sie bei unserer Hochzeit dabei sein konnten.

Schon seit Jahren führte Johnny den Austausch für deutsche und palästinensische Jugendliche zusammen mit dem Diakon der Kirchengemeinde Beverstedt durch. Um alle Vorbereitungen für den diesjährigen Austausch zu treffen, war er einige Wochen vor unserer Hochzeit in seine Heimat geflogen. Bei der Gelegenheit hatte er seinen Eltern von unseren Hochzeitsplänen erzählt und alle Papiere besorgt, die wir für das Aufgebot beim Standesamt benötigten.

Als er zurückkam, holte ich ihn vom Flughafen in Hannover ab. Mitten in der Ankunftshalle stellte er seinen Koffer ab, streifte sich einen Ring vom kleinen Finger und steckte ihn mir auf. So hatte ich mir unsere Verlobung nicht vorgestellt!

Hoffentlich wird die Hochzeit etwas romantischer!, dachte ich im Stillen. Aber seit der Ankunft der palästinensischen Jugendlichen ging es bei uns drunter und drüber.

Der Hochzeitsmarsch erklang und wir zogen in die Kirche ein. Ein palästinensischer Pastor hielt den Traugottesdienst in zwei Sprachen und wir gaben das Eheversprechen zweimal ab, zuerst auf Arabisch. Ich verstand zwar nicht viel, aber ich beantwortete die Frage, ob ich Johnny als meinen Ehemann annehmen möchte, mit einem freudigen »Na'am«, also »Ja«. Da fingen einige unserer deutschen Gäste lautstark an zu lachen. Sie hatten »nein« verstanden. (Dafür klingt das arabische »La« = Nein eher wie »Ja«.)

> *Seit der Ankunft der palästinensischen Jugendlichen ging es bei uns drunter und drüber.*

Als wir aus der Kirche kamen, trällerten, ululierten und kreischten die arabischen Jugendlichen als Ausdruck ihrer Freude. Trommelnd und singend tanzten sie vor uns her zu dem Gemeindehaus, in dem die Feier stattfinden sollte. Neben dem deutschen Erdbeerkuchen, den meine Mutter gebacken hatte, standen gefüllte Weinblätter, Zucchini und andere arabische Köstlichkeiten auf dem Büfett. Johnnys Schwester Nabila und einige andere Mädchen aus der Gruppe hatten sich mächtig ins Zeug gelegt. Trotzdem reichte das Essen leider nicht für alle. Außerdem hatten die deutschen Jugendlichen vergessen, rechtzeitig Kaffee zu kochen. Er war erst fertig, als der Kuchen längst verputzt war.

Später gab es arabische Musik und orientalische Tänze. Für meine deutsche Verwandtschaft muss das alles sehr befremdlich gewesen sein. Das galt auch umgekehrt für die palästinensischen Gäste, denn kurz vor Mittagnacht packte mich einer von Johnnys deutschen Freunden an der Hand und fing an, zu rennen. Diesen norddeutschen Brauch, die Braut zu entführen, fand er total lustig. Ich konnte damit zwar nicht so viel anfangen, wollte aber auch keine Spielverderberin sein. Bis Johnny mich fand und wir wieder in den Hochzeitssaal zurückkamen, hatten die meisten Gäste die Feier bereits verlassen. Es lief alles absolut chaotisch, aber damals störte mich das nicht so sehr.

Zwei Tage später war ein Ausflug mit der Austauschgruppe geplant. Es ging von Bremerhaven mit dem Schiff nach Helgoland und zurück. Das war unsere Hochzeitsreise!

Als wir in dem Bordrestaurant etwas aßen, bemerkten wir verwundert, dass die Kellner ständig auffällig zu uns herüberschauten. Dann entdeckten wir die Nordseezeitung, über der sie hockten. Dort stand in großen Buchstaben: »Gottes Segen in zwei Sprachen. Deutsch-arabische Hochzeit als Höhepunkt eines jahrelangen Jugendaustauschs!« Darunter gab es zwei große Fotos und wir waren als Brautpaar deutlich zu erkennen. Wir waren berühmt! Zumindest an diesem einen Tag.

Ein bisschen mehr Privatsphäre wäre mir lieber gewesen. Doch bis die palästinensische Gruppe eine Woche später abreiste, war nicht daran zu denken.

7000 DM? Wie sollen wir das denn bezahlen?, dachte ich erschrocken. Mit solch einer hohen Summe hatte ich nicht gerechnet. Völlig schockiert saß ich neben Johnny in dem Büro des Direktors der süddeutschen Bibelschule. Ich hörte, wie sich die Männer weiter unterhielten, aber ich bekam von dem Inhalt nicht mehr viel mit. Für mich war das Gespräch schon beendet. Ich war froh, als wir uns verabschiedeten und wieder im Auto saßen.

»Johnny, warum hast du nicht gesagt, dass wir das Geld nicht haben?«, fragte ich.

»Wenn Gott will, dass ich diese Ausbildung mache, wird er auch für das Finanzielle sorgen!«, antwortete er.

»Aber die Schule beginnt schon in zwei Wochen. Wie soll das denn gehen? Ich verstehe dich nicht!«

Nach unserer Hochzeit war der Alltag zurückgekehrt. Ich arbeitete in der Zahnarztpraxis, aber Johnny fand keinen Job. Frau Zemke war aus der Kur zurück und leitete ihre Hühnerfarm wieder selbst, und mit seiner Ausbildung als Schmuck- und Diamantenverkäufer konnte Johnny in Deutschland nichts anfangen. Er las viel in der Bibel und dabei wurde ihm immer deutlicher, dass er gerne eine theologische Ausbildung machen würde. Mein Vater empfahl ihm Chrischona, die Schweizer Bibelschule, die er vor vielen Jahren selbst

>»Wenn Gott will, dass ich diese Ausbildung mache, wird er auch für das Finanzielle sorgen!«

besucht hatte. Der Jugendreferent unserer Gemeinde schwärmte vom Brüderhaus Tabor und der Diakon aus Beverstedt meinte, Bethel wäre für Johnny genau das Richtige.

Mitten in diese Überlegungen hinein besuchte uns ein palästinensischer Freund, der damals in Stuttgart lebte. »Johnny, dein Deutsch ist noch nicht gut genug für eine Ausbildung an diesen Schulen. Ich empfehle dir, eine englischsprachige Bibelschule zu besuchen!« Emad erzählte Johnny vom Bodenseehof, stellte den Kontakt zu der Schule her und organisierte einen Vorstellungstermin.

Mitte September 1987 fuhren wir zu dritt nach Friedrichshafen und trafen uns mit dem Direktor der Schule. Er war sehr angetan von Johnnys Geschichte und stellte ihm viele Fragen. Zum Abschied bekamen wir die Bewerbungsunterlagen in die Hand gedrückt und eine mündliche Zusage. »Du kannst am ersten Oktober bei uns anfangen. Bring bitte die ausgefüllten Formulare mit und denk an die Studiengebühren.«

Während Johnny schon daran dachte, seine Sachen zu packen, machte ich mir Tag und Nacht Sorgen um das Geld und betete viel. Mit meinem Gehalt kamen wir gerade so über die Runden. Davon konnten wir nichts für das Studium abzwacken. Außerdem sollte Johnny die gesamte Summe auf einmal bezahlen. Wie konnte er da nur so ruhig bleiben?

Einige Tage später fuhr Johnny zu Frau Zemke auf die Hühnerfarm und erzählte ihr von der Bibelschule. Mit strahlendem Gesicht hörte sie ihm zu. Als er fertig war, ging sie in ein Nebenzimmer und kam mit einem dicken Umschlag in der Hand zurück. »Das habe ich gespart!«, sagte sie mit einem Lächeln. »Ich habe Gott versprochen, dass das für dich ist, wenn du dich eines Tages dazu entschließen solltest, eine Bibelschule zu besuchen!«

Als Johnny mir zu Hause den Inhalt des Umschlags zeigte, konnte ich es kaum fassen. »Das sind ja genau 7 000 DM!« Niemals zuvor hatte ich erlebt, dass Gott so schnell und so konkret auf meine Gebete antwortete. Ich war beschämt und ermutigt zugleich. Jetzt wusste ich, dass die Bibelschule am Bodenseehof der richtige Weg für Johnny war.

Niemals zuvor hatte ich erlebt, dass Gott so schnell und so konkret auf meine Gebete antwortete.

Auch wenn es mir schwerfiel, ließ ich ihn für sechs Monate ziehen, während ich weiter im Norden blieb. Ich konnte meine Arbeit nicht so kurzfristig kündigen und außerdem war ich im vierten Monat schwanger.

Wenige Wochen vor Abschluss der Bibelschulzeit kam unsere Tochter Melissa zur Welt. Wir waren überglücklich und genossen unsere kleine Familie. Doch in Johnnys Heimat hatte die Erste Intifada begonnen und warf einen Schatten auf unsere Freude.

6 WIE IN 1001 NACHT

»Wahnsinn!« Aufgeregt schaute ich zum Fenster hinaus, während die Maschine beschleunigte und mich fest in meinen Sitz drückte. Je höher wir stiegen, desto stärker umklammerte ich Johnnys Hand. »Du kannst jetzt wieder loslassen«, meinte er lachend, als wir über den Wolken angekommen waren.

Noch nie im Leben war ich geflogen. Noch nie hatte ich Europa verlassen. Und jetzt befand ich mich auf dem Weg in eine neue Welt! Niemals hätte ich gedacht, dass ich nach Israel reisen würde, ein Land, das ich bisher nur aus der Bibel kannte. Ich konnte mir nicht vorstellen, wie es dort heute war.

Ich war gespannt auf die Familie meines Mannes, die in der Provinz Bethlehem lebte. Bisher hatte ich nur meine Schwägerin und meinen Schwager kennengelernt, die im letzten Sommer auf unserer Hochzeit gewesen waren. Wie würden meine Schwiegereltern wohl auf mich reagieren?

Schon seit Wochen bekam ich einen nervösen Magen, wenn ich mir die erste Begegnung mit ihnen ausmalte. Werden sie mich als Frau ihres Sohnes akzeptieren? »Bestimmt freuen sie sich über ihr Enkelkind!«, beruhigte ich mich selbst und schaute hinüber zu unserer Tochter, die gerade drei Monate alt war. Melissa schlief friedlich in einem Körbchen, das in einer Halterung direkt vor unseren Sitzen an der Wand hing. Müdigkeit überkam mich. Es war ein langer Tag gewesen.

Mitten in der Nacht hatten meine Eltern uns zum Flughafen gebracht. Vom israelischen Sicherheitspersonal waren wir intensiv kontrolliert und befragt worden. Unser gesamtes Gepäck wurde ausgepackt und teilweise durchleuchtet. Ich musste mich in einer

Umkleidekabine bis auf die Unterwäsche ausziehen und wurde trotzdem noch abgetastet. Das Prozedere war ziemlich beängstigend für mich, aber Johnny machte mir Mut: »Das ist ganz normal. Als Palästinenser bekomme ich immer eine Sonderbehandlung. VIP eben!« Dass er darüber lachen konnte, nahm mir die Angst. Ich musste mich daran gewöhnen, jetzt auch wie eine Palästinenserin behandelt zu werden.

Meine Gedanken beruhigten sich langsam. Ich schloss die Augen und entspannte mich. Jetzt schnell ein bisschen schlafen, bevor Melissa aufwachte und gestillt werden wollte.

Als ich in Tel Aviv die Treppe vom Flugzeug hinunterstieg, wehte mir ein heißer Wind entgegen. Die Sonne schien so hell, dass ich kaum die Augen offen halten konnte, und der Asphalt des Rollfelds flimmerte vor mir in der Mittagshitze. Mit dem Bus wurden wir zum Flughafengebäude gebracht. Palmen wedelten mir zum Gruß entgegen und über dem Eingang leuchtete in großen Buchstaben der Schriftzug »Welcome to Israel«.

In der Ankunftshalle wartete ein arabischer Taxifahrer auf uns. Vor uns lag eine etwa einstündige Fahrt bis nach Beit Jala, einer kleinen Nachbarstadt von Bethlehem. Durch die offenen Fenster des klapprigen Kleinbusses wehte der Fahrtwind so stark, dass ich völlig zerzaust wurde. Melissa schlief schon wieder friedlich in meinen Armen. Ich wickelte meine Jacke um sie, damit sie keinen Zug bekam.

Johnny saß vorne und unterhielt sich lautstark mit dem Fahrer. Ich verstand kein Wort. Die arabische Musik aus dem Autoradio übertönte von Zeit zu Zeit die Stimmen der Männer. Sie klang fremd und gewöhnungsbedürftig. Ich versuchte, die vielen Geräusche zu ignorieren, und schaute aus dem Fenster.

Zuerst fuhren wir auf der Autobahn durch flaches, weites Land. Dann bogen wir ab und kämpften uns auf einer dicht bewaldeten

Strecke enge Serpentinen den Berg hinauf. »Kommen wir nicht durch Jerusalem?«, wollte ich von Johnny wissen.

»Doch, normalerweise schon. Aber der Fahrer hat dieses Mal eine andere Strecke genommen. Wir werden von Westen nach Beit Jala kommen.«

Bald darauf waren wir am Ziel. Vor uns lag ein Meer von Flachdachhäusern, die aus hellen Steinen gebaut waren. Die metallfarbenen Wasserbehälter auf den Dächern reflektierten die Sonne. Daneben glitzerten Solarkollektoren, die zur Wassererwärmung dienten. Stahlpfeiler ragten meterweit in die Höhe und die Fenster der vielen Rohbauten waren dunkel und unfreundlich. Aber es gab auch prächtige Gebäude, Häuser, die fast wie Schlösser aussahen, modern und großzügig gebaut. Dazwischen standen alte Bauten mit gewölbten Dächern, dicken Steinen und kleinen Fenstern. Die Straße war sehr belebt. Überall hupte es und Fußgänger liefen kreuz und quer über die Fahrbahn.

Während wir weiter bergabwärts Richtung Stadtzentrum fuhren, wurde die Straße immer schmaler. »Wir sind gleich da!«, freute sich Johnny und drehte sich zu mir um. Meine Anspannung wurde immer größer.

Nach ein paar weiteren Kurven und einer Abzweigung hielt das Taxi vor einem alten Haus aus Natursteinen, an das sich ein neueres Gebäude schmiegte. Offensichtlich wohnten hier mehrere Familien. Eine lange Außentreppe an der Seite führte in den zweiten Stock der neueren Etage. Alles war hell und blendete mich. Als ich aus dem Fahrzeug stieg, mussten sich meine Augen erst mal an das Licht gewöhnen. Dann sah ich sie vor der Treppe Spalier stehen: Johnnys Familie! Vater, Mutter, Onkel, Tanten, Brüder, Schwestern und noch einige andere Leute. Sie alle waren da, um uns herzlich willkommen zu heißen. »Ahlan wa sahlan! Ahlan wa sahlan!«, hörte ich von allen Seiten.

Ich wurde umarmt, gedrückt und abgeknutscht. Mit Freuden-
tränen in den Augen nahm meine Schwiegermutter mir Melissa ab
und knuddelte sie. Dann wanderte mein
Baby von Arm zu Arm, bis es schließlich zu
weinen begann und ich es zurückbekam.
Wir gingen in das Haus und wurden in ein
Zimmer geführt, in dem ein rustikales Ehebett stand. »Das ist mein Schlafzimmer!«,
erzählte mir Johnny stolz. »Das Bett habe ich selbst gebaut (eigentlich meinte er »bauen lassen«). Normalerweise schlafen meine
Eltern in diesem Raum, aber jetzt dürfen wir hier wohnen.«

*»Ahlan wa sahlan!
Ahlan wa sahlan!«,
hörte ich von allen
Seiten.*

Nach einer leckeren warmen Mahlzeit zog ich mich mit Melissa
zurück. Johnny saß noch lange mit seiner Familie im Wohnzimmer
und unterhielt sich. Ich war erschöpft, aber richtig schlafen konnte
ich bei dem Lärm nicht. Alles war hier so fremd, ich kam mir vor
wie in einem Märchen aus 1001 Nacht.

Jeden Tag lernte ich mehr von Johnnys neun Geschwistern und
seiner Großfamilie kennen. Sie waren alle sehr nett und zeigten
viel Interesse für mich. Ständig waren wir irgendwo zum Essen
eingeladen und so kam ich ziemlich in dem kleinen Land rum:
Eine Schwester wohnte in Ramallah, eine andere in Jericho und
die dritte in Jerusalem. Manchmal grillten wir auch mit Johnnys
Freunden. Es gab immer viel zu essen und alles war ausgesprochen
lecker.

Eines Tages besuchte uns Johnnys Bruder George. Er war aus
Kanada zurückgekehrt und wohnte jetzt mit seiner Frau Sireen
und seinen beiden Kindern Heidi und Peter (nicht die von der
Alm) in Jaffa. Dort war er Priester in einer uralten griechisch-
orthodoxen Kirche. Er lud uns ein, ein paar Tage bei ihm zu verbringen. Weil Johnny etwas anderes vorhatte, fuhren nur Melissa
und ich hin.

Georges Wohnung war klein, hatte aber eine riesige Terrasse, von der aus man das Meer und den alten Hafen sehen konnte. Ich hatte meine Kamera dabei und wollte gerne ein paar schöne Aufnahmen machen. George bot mir an, mich ein bisschen herumzuführen. Ich ließ mein schlafendes Baby bei meiner Schwägerin und freute mich auf die Tour. Im Eiltempo zeigte mir George eine Sehenswürdigkeit nach der anderen. Ich machte viele Fotos und freute mich schon darauf, einige der Motive später zu malen.

Am nächsten Tag hatte ich die Gelegenheit, ein Stündchen allein durch die Altstadt zu bummeln. Vor der malerischen Kulisse in der Nähe der Kirche Sankt Peter blieb ich stehen und schaute einer Künstlerin zu, die ihre Staffelei dort aufgestellt hatte. Sie sprach mich auf Hebräisch an, doch als sie merkte, dass ich Ausländerin bin, wechselte sie ins Englische.

»Woher kommst du?«, wollte die junge Frau von mir wissen.

»Ich bin Deutsche!«, erzählte ich ihr.

»Herzlich willkommen! Ich liebe Deutschland. Es ist sehr schön dort!«

»Ja, das stimmt. Aber Israel ist auch ein besonderes Land!«, entgegnete ich.

»Bist du das erste Mal hier? In welchem Hotel bist du untergebracht?«, fragte mich meine Gesprächspartnerin weiter.

»Ja, ich bin zum ersten Mal in Israel. Aber mein Mann ist Palästinenser und wir sind im Moment zu Besuch bei seiner Familie in Beit Jala.«

Entsetzt schaute mich die Frau an und musterte mich von oben bis unten. »Weißt du nicht, dass wir ein riesiges Problem mit den Palästinensern in unserem Land haben!?«, fragte sie mich fast vorwurfsvoll.

Erschrocken schaute ich ihr in die Augen und wusste nicht, was ich antworten sollte. Ich stammelte so etwas wie eine Entschuldigung und verabschiedete mich eilig. Das war das erste Mal, dass ich auf unangenehme Weise mit dem israelisch-palästinensischen Konflikt konfrontiert wurde.

»Weißt du nicht, dass wir ein riesiges Problem mit den Palästinensern in unserem Land haben!?«

Einige Tage später nahm mich meine Schwägerin Nabila mit auf ihre Shoppingtour nach Bethlehem. Beit Jala und Bethlehem gehen nahtlos ineinander über und die Altstadt ist weniger als einen Kilometer von uns entfernt. Wir fuhren mit einem Sammeltaxi dorthin und stiegen an einer schmalen Straße aus, die voller Menschen war. Viele Frauen trugen Kopftücher, die Männer traditionell arabische Kleidung.

»Yallah, yallah!«, sagte Nabila die ganze Zeit und flitzte von einem Laden zum anderen. Es war ein unglaubliches Gewusel und ich musste aufpassen, dass ich sie nicht verlor. Anscheinend war »Yallah« ihr Lieblingswort, denn es ging nichts ohne es: »Yallah! Beeil dich!«

»Was für eine hektische Frau!«, ärgerte ich mich. Ich hätte mir gerne mehr Zeit genommen. Am liebsten wäre ich die Straße weiter in Richtung Geburtskirche gebummelt und hätte in die touristischen Läden und Souvenirshops geschaut. Aber Nabila hetzte weiter von einem Ort zum anderen. »Die Geschäfte haben nur bis mittags geöffnet!«, erklärte sie mir. »Das ist wegen der Intifada. Heute ist in Hebron jemand erschossen worden, deshalb streiken die Leute. Lass uns schnell nach Hause fahren, bevor es hier noch zu Problemen kommt!«

Ich verstand nur Bahnhof, aber ich spürte, dass etwas in der Luft lag. Die Menschen um mich herum waren alles andere als entspannt, sondern genauso hektisch wie Nabila. Da war keine Zeit für einen Einkaufsbummel. Keine Urlaubsstimmung. Immer mehr Leute schlossen laut knallend die schweren Eisentüren zu ihren Geschäften. Die Frauen, die auf den Bürgersteigen Kräuter und Gemüse zum Verkauf ausgebreitet hatten, rafften ihre Waren zusammen und machten sich eilig auf den Heimweg.

Nabila galoppierte vor mir her in Richtung Taxistation. »Yallah! Komm schnell! Wir müssen uns beeilen!«, trieb sie mich an. Endlich saßen wir wieder im Taxi und fuhren zurück nach Hause. Ich war verwirrt und enttäuscht. So hatte ich mir meine Zeit in Beit Jala nicht vorgestellt! Doch das war nur ein kleiner Vorgeschmack von dem, was ich in den nächsten Jahren hier erleben würde.

1 NEUE WEICHEN

Zurück in Deutschland stand uns ein Umzug bevor. Schon vor unserer Reise nach Israel hatte Johnny entschieden, eine weitere theologische Ausbildung zu machen. Das Studium am Bodenseehof war gut, doch er spürte, dass es nicht ausreichte. Der Direktor der Schule empfahl ihm eine Ausbildungsstätte im Oberbergischen Kreis. Johnny bewarb sich für ein dreijähriges Studium und wurde angenommen.

Die Ausbildung war BAföG-berechtigt und so sollte die Finanzierung dieses Mal kein Problem sein. Dachten wir. Doch als wir uns gerade in unserer Wohnung auf dem Gelände der Bibelschule Wiedenest eingerichtet hatten, kam die Enttäuschung. Johnnys Antrag auf BAföG wurde abgelehnt, weil er Ausländer war und erst seit Kurzem in Deutschland lebte. Damit hatten wir nicht gerechnet. So blieb uns nur das Kinder- und das Wohngeld, doch das reichte natürlich nicht.

Ich versuchte, einen Job zu finden. Tagsüber konnte ich nicht arbeiten, da es keine Kinderbetreuung für Melissa gab. In der Tageszeitung fand ich eine Anzeige für eine Putzstelle in einer Arztpraxis. »Das ist abends!«, erklärte ich Johnny. »In der Zeit könntest du auf Melissa aufpassen!«

Doch Johnny gefiel das nicht. »Dann verpasst du einige Programme hier in der Bibelschule«, meinte er. »Ich will nicht, dass du putzen gehst! Was hältst du davon, wenn du weiter malst und ich deine Bilder verkaufe?«

Nach unserer Rückkehr aus Israel hatte ich die Fotos von Jaffa und anderen schönen Orten entwickelt und bereits einige Motive gemalt. Johnny war begeistert von den Gemälden.

»Das ist eine tolle Idee!«, meinte ich zögerlich. »Aber glaubst du wirklich, dass ich mit meiner Malerei Geld verdienen könnte?«

Aber ich wollte es wenigstens probieren. So begann ich, Landschaftsbilder aus dem Heiligen Land zu malen, um sie zu verkaufen. Oft saßen mein Mann und ich schon nachmittags an unseren Schreibtischen im Wohnzimmer. Johnny lernte und ich malte, während Melissa auf dem Fußboden herumkrabbelte. Wenn sie unruhig wurde, machten wir einen kleinen Spaziergang. Nach dem Abendessen saßen wir wieder auf unseren Plätzen und arbeiteten weiter. Bevor wir schlafen gingen, stellte Johnny das Werk, an dem ich gerade arbeitete, aufrecht hin und richtete meine kleine Schreibtischlampe darauf. Dann setzten wir uns dem Bild gegenüber auf unsere alten Sessel und bewunderten es. Weil Johnny meine Gemälde so gut gefielen, malte ich immer weiter.

Auf dem Campus wohnte der ehemalige Missionsdirektor der Bibelschule Ernst Schrupp. Er hatte erst kürzlich seine Frau und einen seiner Söhne durch Krebs verloren und lebte zurückgezogen und in tiefer Trauer. Eines Tages schenkte Johnny ihm aus Olivenholz geschnitzte betende Hände, die er aus dem Heiligen Land mitgebracht hatte. Das bewegte den alten Mann

»*Glaubst du wirklich, dass ich mit meiner Malerei Geld verdienen könnte?*«

sehr und aus dieser ersten Begegnung erwuchs eine tiefe Freundschaft. Für Johnny und mich wurde Ernst zum Ersatzvater und Melissa nannte ihn schon bald Opa.

Die Gespräche mit Ernst waren eine große Bereicherung für uns. Umgekehrt lernte er ebenso eine ganze Menge von Johnny. Er war ein wahrer Israelfreund, hatte schon einige Bücher zu diesem Thema geschrieben und konnte auf viele Reisen ins Heilige Land zurückblicken, doch einen Palästinenser hatte er noch nicht kennengelernt. Durch Johnny sah er die andere Seite des israelisch-palästinensischen Konflikts und gewann langsam Verständnis für die Palästinenser.

Ernst gefielen meine Gemälde auch. Deshalb lud er uns ein, ihn bei seinen Israelvorträgen in der Umgebung zu begleiten. Ernst hielt einen Vortrag, Johnny erzählte seine Geschichte und ich durfte meine Bilder ausstellen. Am Ende des Abends verkündete Ernst von der Kanzel: »Und dass ihr mir ja viele Bilder kauft! Die beiden finanzieren von dem Geld nämlich Johnnys Studium!«

Es war eine tolle Zeit. Der Verkauf lief richtig gut. Manche Motive malte und verkaufte ich drei- oder viermal. Trotzdem reichte unser Geld oft nicht für das Studium und unseren Lebensunterhalt, denn wir waren inzwischen zu viert. Unsere Tochter Melody war nur zwei Jahre nach Melissa auf die Welt gekommen. Doch Gott überraschte uns immer wieder. Mal lag ein Umschlag mit ein paar Scheinen in unserem Postfach, mal wurde uns ein Teil der Studiengebühren erlassen. Das waren ganz besondere Erfahrungen.

Obwohl es finanziell eng war, hatten wir immer ein offenes Haus. Johnny brachte häufig Mitstudenten zum Essen mit und sonntagnachmittags luden wir zu Kaffee und Kuchen ein. Unsere Wohnung wurde zu einem beliebten Treffpunkt. Manchmal dachte ich, unser Haushaltsgeld würde viel länger reichen, wenn wir weniger Gäste hätten. Aber Johnny dachte anders. Seine Mottos waren: »Teilen bringt Segen!«, und »Gott wird auch morgen für uns sorgen!« Und genau das erlebten wir.

Durch diese Erfahrungen lernten wir eine ganze Menge. Wiedenest war für uns nicht nur eine theologische Ausbildung, es war eine Lebensschule. Ein wichtiger Teil des Unterrichts waren die regelmäßigen Vorträge von Missionaren aus aller Welt. Johnny war fasziniert davon, wie Gott Menschen gebrauchte, um sein Reich zu bauen. Immer mehr dachte er über das Thema Mission nach. Er erinnerte sich an die Worte eines Ältesten der Gemeinde in Toronto, der ihm beim Abschied gesagt hatte: »Eines Tages wirst du in deine Heimat zurückkehren und deinem Volk die Frohe Botschaft verkündigen!«

»Ich glaube, Gott möchte, dass ich zurück nach Beit Jala gehe!«, erklärte Johnny schließlich.

Ich hatte geahnt, dass das irgendwann kommen würde, aber als Johnny es aussprach, erschrak ich trotzdem. Ein Film lief vor meinem inneren Auge ab. Ich sah mich in Beit Jala, in dieser fremden Umgebung, dieser völlig anderen Kultur mit der unglaublich schwierig klingenden Sprache. Doch ich sah auch die Freundlichkeit der Menschen, die vielen Kontakte, die mein Mann dort hatte. Ich dachte daran, wie er bei unserem Besuch dort aufgeblüht war. Und ich erinnerte mich an die Frage meines Vaters, die er mir vor unserer Hochzeit gestellt hatte: »Was ist, wenn dein Mann eines Tages in seine Heimat zurückgehen will. Bist du bereit, mitzugehen?«

»Eines Tages wirst du in deine Heimat zurückkehren und deinem Volk die Frohe Botschaft verkündigen!«

Damals schien mir dieser Gedanke ziemlich abwegig. Ich war immer davon ausgegangen, dass wir in Deutschland leben würden. So hatten wir es abgemacht. Doch ich wusste, was es heißt, von Gott berufen zu sein. Mir war klar, dass wir als Familie niemals glücklich werden würden, wenn ich mich gegen den Ruf Gottes stellte. Daher begann ich, um Klarheit für mich zu beten.

Nach einiger Zeit schenkte mir Gott tiefen Frieden über diesen Schritt. So begannen wir, zu überlegen, mit welcher Missionsgesellschaft wir dorthin reisen könnten, da Wiedenest damals niemand ins Heilige Land entsandte.

Ungläubig schauten wir in die Augen unseres Gegenübers. *Das darf nicht wahr sein!*, dachte ich. *Genau dafür haben wir uns doch beworben!*

Aber der Missionsdirektor der Deutschen Missionsgemeinschaft (DMG) blieb bei seiner Aussage. Er wollte uns nicht in Johnnys Heimat entsenden. Wusste er denn nicht, wie sehr meinem Mann die Menschen in Beit Jala am Herzen lagen? Wir waren uns sicher, dass Gott uns im Westjordanland haben wollte, um sein Wort zu verkündigen. Das hatte er uns in unserer Zeit in Wiedenest immer deutlicher gemacht. Und jetzt diese Enttäuschung! Ich verstand die Welt nicht mehr.

Erst vor wenigen Tagen waren wir mit unseren drei kleinen Kindern bei der DMG in Sinsheim angekommen. Unser Sohn Nadim war erst vor wenigen Monaten in Norddeutschland zur Welt gekommen. Wir waren zu einer sechsmonatigen Kandidatenzeit auf den Buchenauerhof, dem Sitz der Mission, eingeladen worden. Diese Zeit war zum gegenseitigen Kennenlernen und zur Vorbereitung auf unseren zukünftigen Dienst gedacht. Wir bekamen zwei Zimmer und teilten uns mit einer anderen Familie die Küche.

Als Kandidaten lebten wir in einer engen Gemeinschaft. Es wurde gemeinsam gearbeitet und es gab gemeinsame Mahlzeiten. Wir nahmen an den morgendlichen Andachten sowie den wöchentlichen Bibel- und Missionsinfostunden teil. Bei den Gebetssonntagen und den Missionsfesten gestalteten wir das Programm mit und einmal in der Woche hatten wir Kandidatenunterricht. Hier lernten wir praktische, geistliche und administrative Dinge, die für unsere spätere Arbeit wichtig waren.

Kurz nach unserer Ankunft gab es einen »Rüstkurs«. Alle Missionare der DMG, die zu der Zeit in Deutschland waren, die Mitarbeiter der Heimatzentrale und wir Kandidaten nahmen daran teil. Sechs Tage waren gefüllt mit Andachten, Gebet, Bibelarbeiten,

Seminaren und Missionsberichten. Besonders spannend fand ich die Abende, an denen die Missionare von ihrer Arbeit in den verschiedensten Ländern erzählten. Es war unglaublich, zu hören, was sie alles mit Gott erlebten und wie ihr Glaube sie auch durch Schwierigkeiten hindurchtrug. Ich bewunderte diese Leute. Auf den ersten Blick waren manche so unscheinbar, doch beim näheren Kennenlernen kam ich oft aus dem Staunen nicht mehr heraus.

Besonders beeindruckt waren wir von dem damaligen Missionsdirektor Bruno Herm. Seine Kommentare und Erklärungen in verschiedenen Bereichen zeugten von großer Erfahrung und besonderer Weisheit. Gerade deshalb traf es uns sehr, dass er nicht damit einverstanden war, uns in Johnnys Heimat zu entsenden.

Nur einen Tag nach dem Rüstkurs starb Bruno Herm völlig unerwartet und wir konnten uns nicht weiter über das Thema mit ihm austauschen. Deshalb holten wir uns Rat bei unserem väterlichen Freund Ernst Schrupp. »Ihr gehört nach Beit Jala! Einen anderen Ort kann ich mir für euch nicht vorstellen. Gott wird euch seine Berufung ganz sicher bestätigen!« Diese Antwort beruhigte uns ein wenig. Wir warteten ab und beteten.

»Ihr gehört nach Beit Jala!«

Doch die DMG hatte weiterhin einen anderen Weg für uns vor Augen. Sie empfahl uns, wenigstens für die ersten Jahre nach Jordanien zu gehen. Ich sollte dort an einer bekannten Sprachschule Arabisch lernen und für Johnny würde man bestimmt geeignete Aufgaben finden.

Für Palästinenser war es damals jedoch schwierig, ein Visum für Jordanien zu erhalten. Johnnys Antrag wurde abgelehnt und wir sahen darin eine Bestätigung von Gott für unseren Weg nach Beit Jala.

Um ausreisen zu können, mussten wir uns während der Kandidatenzeit einen Freundes- und Unterstützerkreis aufbauen. Die

DMG hatte die Regel, dass mindestens 80 Prozent der monatlichen Kosten für Gehalt, Versicherungen und Betreuung durch Spenden hereinkommen müssen, bevor ein Missionar ausgesandt wird. Um dieses Ziel zu erreichen, sollten wir unsere zukünftige Arbeit in Gemeinden und bei Missionsfreunden vorstellen. Schon während unserer Zeit in Wiedenest hatten wir Rundbriefe an einen kleinen Leserkreis geschrieben. Auch auf dem Buchenauerhof verschickten wir solche Infos und berichteten über unseren Werdegang.

Eines Morgens war ich nach der Andacht im Speisesaal auf dem Weg zum Bürogebäude der DMG, das auf der anderen Straßenseite liegt. Der neue Missionsdirektor hatte denselben Weg und nutzte diesen kleinen Spaziergang, um mit mir ins Gespräch zu kommen. »Ich habe in eurem Rundbrief gelesen, dass ihr euch schon eine Wohnung in Beit Jala baut. Wie kann das denn sein? Nur weil dein Mann zurück zu seiner Familie will, heißt das nicht, dass wir das gut finden! Vielleicht ist eine andere Stadt viel besser für euch geeignet!«

Diese Aussage erschütterte mich zutiefst. Es klang für mich, als würde der Direktor an unserer Motivation zweifeln. Dachte er vielleicht, wir wollten uns nur finanziell absichern, um uns dann ein schönes Leben in Johnnys Heimat zu machen? Ich konnte es nicht ertragen, dass jemand so etwas über uns dachte.

Erst später verstand ich, dass sich die Verantwortlichen bei der DMG auch Sorgen um uns machten. Sie wussten, was es bedeutet, in der Stadt, in der man aufgewachsen ist, zu missionieren. Uns war das damals nicht klar. Wir sahen nur die vielen Vorteile und Gottes Berufung. Es sollte noch viele Jahre dauern, bis wir die Worte von Jesus »Kein Prophet gilt etwas in seiner Heimatstadt« aus Lukas 4,24 verstanden und durchbuchstabierten.

> »Kein Prophet gilt etwas in seiner Heimatstadt.«

Trotz aller Widerstände wurde immer deutlicher, dass Gottes Weg uns nach Beit Jala führte. Alle anderen möglichen Türen schlossen sich nach und nach. Schließlich machte die DMG eine große Ausnahme und entsandte uns in Johnnys Heimatstadt.

Auch finanziell bestätigte Gott unsere Berufung. Anfangs konnten wir uns nicht vorstellen, woher unsere monatliche Unterstützung kommen sollte. Zu Beginn der Kandidatenzeit hatten wir nur einen einzigen Dauerauftrag von 50 DM. Doch mit der Zeit bekamen wir immer mehr Spenden, oft von ganz fremden Leuten. Schließlich kam monatlich genügend Geld zusammen und Anfang November 1992 reisten wir aus.

Bevor es so weit war, kam im Juli unser viertes Kind zur Welt. Mit zwei Mädchen und zwei Jungen war unsere Familie nun komplett. Wir waren überglücklich und dankbar und freuten uns auf unser neues Leben in Johnnys Heimat.

8 EAT – WASH – SLEEP

Mit vier kleinen Kindern kamen wir in Beit Jala an. Shady, unser jüngster Sohn, war gerade mal vier Monate alt. Meine Schwiegermutter war mächtig stolz auf mich. In vier Jahren und vier Monaten hatten wir vier Kinder bekommen! Das war schon etwas Besonderes! »Die ist besser als die arabischen Frauen!«, prahlte sie vor ihren Freundinnen und lächelte mir begeistert zu.

Weil unsere Wohnung noch nicht fertig war, wohnten wir vorübergehend bei Johnnys Familie und zogen wieder in Johnnys altes Schlafzimmer. Meine Schwiegereltern schliefen in dem Raum nebenan und Johnnys jüngerer Bruder Kareem verbrachte seine Nächte auf dem Sofa im Wohnzimmer.

Die Wohnung war klein und hellhörig. Die meiste Zeit lief der Fernseher und wir kamen kaum zur Ruhe. Mit vier kleinen Kindern in einem Raum zu schlafen, ist eine Kunst für sich. Oft weckten sie sich gegenseitig. Außerdem bekamen wir ständig Besuch.

Mit vier kleinen Kindern in einem Raum zu schlafen, ist eine Kunst für sich.

Eine Tante kam täglich und schaffte es, jedes Mal genau dann in unser Zimmer zu platzen, wenn eines der Kinder gerade eingeschlafen war. »Hallo! Schlaft ihr etwa?«, fragte sie mit ihrer schrillen Stimme, während sie die knarrende Tür aufriss.

Jetzt nicht mehr, dachte ich und hatte alle Mühe mein aufgeschrecktes Kind zu beruhigen. Es fiel mir schwer, mit dieser Art, Großfamilie zu leben, umzugehen.

Johnnys ältester Bruder George hatte seine Zeit in Jaffa beendet und war jetzt als Priester in Beit Jala angestellt. Er lebte mit seiner

Familie ebenfalls in dem großen Familienhaus. »Na, hast du immer noch kein Arabisch gelernt?«, fragte er mich zur Begrüßung.

Wenn der wüsste, was bei uns in den letzten Jahren alles los war, dachte ich verärgert.

Mit der Verständigung war das so eine Sache. Einige von Johnnys Geschwistern und auch viele andere Besucher sprachen Englisch, doch meine Schwiegereltern konnten nur Arabisch. Manchmal war ich stundenlang allein mit den Kindern und meiner Schwiegermutter in der Wohnung. Zum Glück konnte sie drei englische Worte, die damals für mich überlebenswichtig waren: eat, wash und sleep. So konnte ich ihr also sagen, dass die Kinder etwas zu essen brauchten. Sie fragte mich mit einem Wort und der richtigen Betonung, ob ich Wäsche habe, die gewaschen werden muss, und ich war in der Lage, ihr mitzuteilen, dass es für unsere Kinder jetzt Zeit wird, schlafen zu gehen.

Als ich Johnny von meiner »Unterhaltung« mit seiner Mutter erzählte, lachte er. »Na, das ist doch das Wichtigste im Leben: essen, waschen, schlafen! Zu viel mehr hatte meine Mutter bei zehn Kindern keine Zeit. Wir wohnten unten im ältesten Teil des Hauses. Meine Mutter versorgte uns mit Essen. Gewaschen und angezogen wurde ich von meinen älteren Schwestern. Abends legten wir das ganze Zimmer mit Matratzen aus, die den Tag über in einer Ecke gestapelt waren. Wir schliefen alle in diesem einen Raum. Das war ganz schön eng. Viel zu eng und viel zu laut!«

»Das kann ich mir gut vorstellen«, unterbrach ich Johnnys Erinnerungen. »Wie hast du das bloß ausgehalten?«

»Ich war viel unterwegs. Entweder spielte ich auf der Straße mit den Kindern aus der Nachbarschaft oder ich besuchte andere Familien. Als ich größer wurde, nahm mein Vater mich oft mit auf die Baustelle. Er war Maurer und hatte viele Aufträge in israelischen Siedlungen.«

»Dann hast du also schon als Kind gearbeitet?«

»Ja. In den Ferien und an Wochenenden. Ich habe viel von meinem Vater gelernt. Das hat mir Spaß gemacht!«

Das glaubte ich ihm sofort. Johnnys Vater war ein fröhlicher und liebevoller Mann. Unsere Kinder hatten ihn schon nach kurzer Zeit ins Herz geschlossen. Am glücklichsten war er, wenn alle seine Enkel um ihn herumsaßen. Dann deckte er den niedrigen Tisch im Wohnzimmer mit Humus, Schafskäse, Oliven, selbst gemachter Aprikosenmarmelade und Fladenbrot. Mit seiner Schirmmütze auf dem Kopf und der alten Arbeitshose saß er mittendrin auf dem durchgesessenen Sofa. »Sido, Sido!«, rief es von allen Seiten, und dem Opa wurde es nie zu viel.

Mir schon. Immer mit so vielen Leuten zusammen zu sein, war für mich sehr anstrengend. Doch die Zeit in der Wohnung meiner Schwiegereltern dauerte zum Glück nicht ewig. Nach einigen Wochen zogen wir eine Etage höher in unser neues Zuhause. Nun hatten wir endlich mehr Privatsphäre und konnten unseren eigenen Rhythmus finden.

»Es hat geklingelt! Melissa, machst du die Tür auf? Ich kann gerade nicht!« Die Abendroutine mit den Kindern hatte vor wenigen Minuten begonnen. Melody saß bereits in der Wanne und ich war gerade dabei, Nadim auszuziehen. »Oh Gott, lass es bitte keinen Besuch sein!«, flehte ich innerlich. Vergeblich. Melissa kam zurück und informierte mich, dass eine ganze Familie im Wohnzimmer Platz genommen hatte.

Planwechsel. Nadims Bad musste heute Abend ausfallen. Schnell zog ich ihm frische Windeln und einen Schlafanzug an und ging mit ihm auf dem Arm hinüber ins Wohnzimmer, um die Gäste zu begrüßen. Sie sagten, dass sie gute Freunde von Johnny seien. Ibtisam und Jihad mit ihren fünf Kindern Jeries, Ricardo, Bishara, Rulla und Rawan. »Ist Johnny nicht da?«, fragten sie. »Nein. Tut mir leid. Ich hoffe aber, dass er bald nach Hause kommt!«

Ich setzte Nadim auf den Teppich und wies Melissa an, auf ihn aufzupassen. Mit einer kurzen Erklärung an die Gäste eilte ich zurück in die Küche. Auf dem Weg schaute ich noch schnell bei Melody im Badezimmer vorbei und machte mich dann daran, ein Tablett mit kalten Getränken für die Besucher vorzubereiten.

Eine ganze Familie hatte im Wohnzimmer Platz genommen.

Als ich ins Wohnzimmer zurückgehen wollte, fing Shady in seinem Bettchen an, zu weinen. Er hatte Hunger und musste gestillt werden. Gleichzeitig rief Melody nach mir. Das Wasser war zu kalt geworden und sie wollte aus der Wanne. Ich bot den Gästen die Getränke an und stürmte zurück ins Badezimmer, um Melody im Eiltempo zu waschen und abzutrocknen. Noch bevor ich sie anziehen konnte, rief Melissa aus dem Wohnzimmer nach mir. »Nadim weint! Er will Mama haben!«

Was mache ich denn jetzt? Ich ließ Melody in ein Handtuch gewickelt im Kinderzimmer sitzen und rannte in das Nachbarzimmer, um Shady aufzunehmen. Sofort beruhigte sich mein Baby. Im Wohnzimmer weinte Nadim immer noch. Ich übergab Shady Ibtisam und nahm Nadim mit ins Kinderzimmer, wo ich Melody den Schlafanzug anzog. Nadim beruhigte sich in meiner Nähe schnell, doch Shady fremdelte. Ich hörte, wie die Gäste versuchten, ihn zu beruhigen, aber sein Geschrei übertönte ihre Stimmen und machte mich nervös.

Mit Melody und Nadim im Schlepptau kam ich wieder im Wohnzimmer an. Ich nahm Ibtisam mein Baby ab und ließ mich mit einem inneren Seufzer aufs Sofa gleiten. Dann legte ich ein

Tuch über meine Schulter und Shadys Köpfchen und begann, mein Kind zu stillen. Alle Augen waren auf mich gerichtet. Ich gab mir Mühe, ruhig und freundlich zu bleiben.

»Und wie lange kennt ihr Johnny schon?«, fragte ich auf Englisch.

»Schon sehr lange«, versuchte Jihad mir halb arabisch, halb englisch zu erklären. Dabei zeigte er mit der Hand die Höhe eines Kleinkindes an.

»Mein Vater will sagen, dass er schon in seiner Kindheit mit deinem Mann gespielt hat!«, erklärte mir die älteste Tochter Rulla in perfektem Englisch.

»Das ist ja schön!«, freute ich mich und dachte gleichzeitig: *Hoffentlich gehen die bald! Die Kinder haben Hunger! Es ist Abendbrotzeit! Was mache ich nur? Und wo bleibt Johnny?*

Seit wir in unseren eigenen vier Wänden wohnten, riss der Besucherstrom nicht ab. Es waren nicht nur Freunde von Johnny wie Jihad und Ibtisam. Viele kamen, um sich die deutsche Frau mit den vier kleinen Kindern anzuschauen. Sie waren wohl auch neugierig, wie es bei dieser Ausländerin zu Hause aussah. Es war eine unglaublich anstrengende Zeit.

Wenn Johnny heimkehrte, war er oft nicht allein. Manchmal hatte er unterwegs Freunde von früher getroffen und brachte sie auf einen Kaffee mit. Oder ihm begegneten deutsche Touristen auf der Straße, die er zu uns nach Hause einlud. Oft musste ich unser Essen verlängern, damit es für die spontanen Gäste reichte. Und wenn wir mit all den Besuchern durch waren, gab es noch die Großfamilie.

Doch die Sache mit den Gästen war auch eine riesige Chance. Wir mussten uns keine Gedanken darüber machen, wie wir Kontakte zu Menschen aufbauen könnten. Die Leute kamen zu uns, ob wir es wollten oder nicht. Die Einheimischen kannten Johnny von früher und wussten, dass er einige Jahre in Deutschland gelebt hatte.

»Warum um alles in der Welt bist du zurückgekommen?«, fragten sie ihn. Der Aufstand der Palästinenser gegen die israelische Militärbesatzung, die sogenannte Erste Intifada, hatte das Land schwer erschüttert. Die Wirtschaft lag am Boden. Viele Palästinenser wanderten aus. »Warum bist du nicht mit deiner Familie in Deutschland geblieben? Dort ist es doch viel besser als hier!«

»Du hast recht«, antwortete Johnny auf solche Fragen. »In Deutschland ist das Leben einfacher. Aber ich bin zurückgekommen, weil Gott mich hier haben möchte!«

Dann begann er, seine Geschichte zu erzählen: »Ich dachte immer, dass ich ein guter Christ bin. Doch ich hatte keine Ahnung, was Christsein wirklich bedeutet. Ich wusste nicht, dass man eine persönliche Beziehung zu Jesus Christus haben kann. Erst als ich Gott eingeladen habe, mein Leben zu bestimmen, hat sich alles verändert.«

Johnny schlug seine Bibel auf und las seinen Lieblingsvers aus 2. Korinther 5,17 vor: »Wer mit Christus lebt, wird ein neuer Mensch. Er ist nicht mehr derselbe, denn sein altes Leben ist vorbei. Ein neues Leben hat begonnen!«

»Warum, um alles in der Welt, bist du zurückgekommen?«

Die Leute hörten interessiert zu, als Johnny ihnen diesen Vers erklärte. Sie spürten, dass er sich verändert hatte. Und diese Veränderung wollten sie auch erleben.

»Gott hat mich wirklich neu gemacht. Er hat mein Denken und Handeln verändert. Früher war ich sehr egoistisch. Ich habe nur für mich selbst gelebt. Hauptsache, ich hatte genug Geld und konnte Spaß haben. Heute sehe ich auch die Verantwortung für andere Menschen. Deshalb bin ich zurückgekommen. Ich möchte meinen Freunden und meiner Familie eine neue Perspektive für ihre Zukunft geben. Eine Hoffnung, die nicht enttäuscht wird. Vor allem ist es mir wichtig, dass sie nicht nur wissen, wer Jesus ist, sondern dass sie ihn persönlich kennenlernen!«

Schon bald traf Johnny sich regelmäßig mit Leuten zum Bibellesen. Mehrere Familien kamen jeden Dienstag zu uns in den Hauskreis. In ihren traditionellen Kirchen war es nicht üblich, über den Glauben zu diskutieren. Der Gottesdienst bestand nur aus Liturgien und festgelegten Abläufen. Oft waren die Lesungen sogar in griechischer Sprache, sodass sie nichts verstanden. Aber der Kirchgang gehörte für sie trotzdem zum Leben dazu.

Viele hatten niemals zuvor selbst in der Bibel gelesen. Wie Johnny damals, dachten sie, sie wären gute Christen. Doch was Gott mit ihrem Alltag zu tun hat, lernten sie erst von Johnny. Sie hatten viele Fragen und Johnny beantwortete sie gerne. Oft saß er bis spät in die Nacht mit Leuten über der offenen Bibel in unserem Wohnzimmer.

Es war sehr ermutigend, zu erleben, wie viel Hunger nach Gott die Menschen hatten.

9 OASE MIT BLICK IN DIE MOSCHEE

Eine steile Treppe aus Natursteinen führte neben dem alten arabischen Haus hoch in unsere Wohnung. Hier in der dritten Etage war nun unser Zuhause! Das lichtdurchflutete Wohnzimmer lud zum Verweilen ein und die vielen Bogenfenster boten einen Blick über die ganze Stadt. Vom Balkon sah man die Hauptstraße und die evangelische Kirche auf der anderen Straßenseite. Von dem großen Esszimmerfenster aus waren bei gutem Wetter die jordanischen Berge zu sehen und davor erstreckte sich das Panorama von Bethlehem. Was für eine Aussicht!

Die offene Küche war der Mittelpunkt unserer Wohnung. Dahinter befanden sich die Schlafräume, durch deren Fenster die Häuser zu sehen waren, die dicht an dicht die Stadt hinaufkletterten. Auf der anderen Seite des Hauses stand die Moschee. Nur wenige Meter trennten uns von dem über zwanzig Meter hohen Minarett. Riesige Lautsprecher zeigten von hier in die vier Himmelsrichtungen und ein lautes Knacken und Piepen kündigte fünfmal am Tag den Gebetsruf an. Sobald er erklang, konnte man sich in unserer Wohnung nicht mehr normal unterhalten. Von unserem Schlafzimmerfenster aus konnten wir sogar in die Moschee hineinschauen. Wir sahen, wie die Männer sich die Schuhe auszogen, bevor sie den Gebetsraum betraten. Und wir konnten beobachten, wie sie auf ihren Teppichen knieten und sich zum Gebet verneigten.

»Du willst wirklich bei uns wohnen, neben ›Allahu akbar‹?«, hatte mich meine Schwiegermutter gefragt, als wir vor einigen Jahren entschieden hatten, das elterliche Haus um eine Etage aufzustocken. Ich verstand, dass sie von der Moschee und unserer geplanten Wohnung sprach, und nickte. Es war eine schwerwiegende Entscheidung, die wir da trafen. Wie gerne hätten wir ein Grundstück gekauft und ein eigenes Haus gebaut. Doch dafür fehlte uns das Geld. Bezahlbare Mietwohnungen gab es in den palästinensischen Gebieten damals nicht. Und so ist es gang und gäbe, dass die Kinder neben und auf die Häuser ihrer Eltern bauen, um eine eigene Wohnung zu haben. Auch wir entschieden uns für diese Lösung, nahmen einen Kredit auf und fingen an zu bauen.

Doch wir hatten die direkte Nachbarschaft zur Moschee gründlich unterschätzt. Vor allem die Gebetsrufe störten unseren Alltag. Oft wurden die Kinder davon aus dem Schlaf gerissen. In den ersten Monaten wachte unser Sohn Nadim jedes Mal auf, wenn nachts der Gebetsruf erscholl. Im Halbschlaf setzte er sich in seinem Bettchen auf und heulte wie eine Sirene. Dann flitzte ich zu ihm hinüber, bevor die anderen Kinder wach wurden. »Es ist alles gut. Leg dich wieder hin und schlaf!«, beruhigte ich ihn, während ich ihm über den Kopf streichelte. Sofort hörte er auf zu weinen und schlief bald darauf ein.

»Was ruft der böse Gott da?«

»Was ruft der böse Gott da?«, wollte unsere viereinhalbjährige Tochter Melissa zu Beginn unserer Zeit in Beit Jala wissen.

»Das ist nicht Gott. Das ist ein Mann, der an einen anderen Gott glaubt«, erklärte ich ihr. »Aber warum denkst du, dass der Mann böse ist?«

»Es hört sich so an! Er schreit ja richtig!«

Am schlimmsten waren die Freitage. Da wurde der gesamte Gottesdienst durch die Lautsprecher übertragen. Das war nicht nur laut, sondern auch aufwühlend. Ich verstand zwar nicht viel, doch der Tonfall des Muezzins war so aggressiv, dass ich ihn manchmal kaum ertragen konnte. Es war, als würde sich eine finstere Wolke über unser Haus legen. In solchen Momenten schrie ich innerlich zu Gott und bat ihn um Schutz für uns und unsere Kinder.

Doch die Moschee war nicht das einzige Problem in unserer Nachbarschaft. Genau gegenüber lebte eine Frau, die sich offensichtlich der Wahrsagerei verschrieben hatte. Immer wieder versuchte sie, unsere Kinder zu sich zu locken. Aber zum Glück hatten sie kein Interesse daran, die Frau zu besuchen.

Einmal spielten unsere Jungs vor der Moschee mit anderen Kindern Fußball. Aus Versehen schoss Nadim einen Ball gegen das Auto der Nachbarn. Mit lautem Gefluche kam der Mann der Wahrsagerin aus dem Haus gerannt. Er packte Nadim an der Gurgel und schrie ihn an. So schnell ich konnte, rannte ich hinunter auf die Straße und legte mich mit dem Mann an. Er ließ Nadim los und stürzte sich stattdessen auf mich. Er stellte sich so dicht vor mich, dass ich seinen Atem spüren konnte. Unaufhörlich redete er auf mich ein und erhob dabei die Hand, als ob er mich schlagen wollte. Ich hatte furchtbare Angst. Seine Augen blitzten gefährlich und ich hatte das Gefühl, der Teufel würde mir aus ihnen entgegenspringen. In diesem Moment kam mir mein Schwager Kareem zu Hilfe. Ohne seine Unterstützung hätte der Konflikt böse enden können.

Auch in unserer Verwandtschaft wurde der Kaffeesatz gelesen und die Zukunft vorausgesagt. Ich war entsetzt, als ich das mitbekam. Meine Schwiegermutter hatte Freundinnen, die unseren Kindern unbedingt Zaubersprüche an die Unterwäsche heften wollten. Unter dem Deckmantel von Religiosität gab es merkwürdige Gebräuche und jede Menge Aberglauben.

Wenn unsere Kinder vom Spielen mit ihren Cousinen und Cousins nach Hause kamen, erzählten sie manchmal die unheimlichsten Geschichten. »Mama, stimmt das eigentlich, dass man die Hände nicht falten und dabei die Daumen drehen darf?«, erkundigte sich Melissa.

»Warum das denn nicht?«, fragte ich.

»Heidi hat gesagt, wenn man das macht, stirbt ein Mensch!«

»Natürlich nicht«, beruhigte ich sie.

Ein anderes Mal erzählte mir Melody, dass ein Cousin erzählt hatte: »In dem Baum hinter unserem Haus wohnt ein Teufel, der redet immer mit mir!« Unsere Kinder hatten Angst, wenn sie so etwas hörten, und als Eltern brauchten wir viel Weisheit und Gebet, um das richtige Gegengewicht zu setzen.

Doch der größte Störfaktor in unserem Viertel war eindeutig die Moschee. »Früher war das nicht so«, erzählte mir Johnny. »Da gab es nicht einmal Lautsprecher am Minarett. Zu den Gebetszeiten kamen nur eine Handvoll Leute und beim Freitagsgebet waren es höchstens fünfzig Männer. Als wir klein waren, haben wir mit allen Kindern in der Nachbarschaft gespielt, egal, ob sie Christen oder Muslime waren. Das spielte überhaupt keine Rolle. Es gab damals allerdings viel weniger Muslime in der Stadt und so fanatisch wie heute waren sie auch

Mit den politischen Problemen ist der Islam gewachsen und fundamentalistischer geworden.

nicht. Doch mit den politischen Problemen ist der Islam gewachsen und fundamentalistischer geworden. In meiner Kindheit und Jugend trugen nur wenige muslimische Mädchen Kopftücher. Heute ist das anders. Neulich traf ich zwei meiner Nachbarinnen auf der Straße, mit denen ich als Kind gespielt habe. Sie trugen muslimische Kleidung und Kopftücher. Als sie mich sahen, haben sie sogar die Straßenseite gewechselt!«

Für uns war es wirklich schwierig, direkt neben der Moschee zu wohnen. Zu den Freitagsgebeten kamen so viele Männer, dass sie kaum noch in den Gebetsraum passten. Manchmal beteten sie draußen vor dem Gebäude, und die gesamte Straße vor unserem

Haus war zugeparkt. Dann konnten wir mit unserem Auto nicht wegfahren, bevor der Gottesdienst zu Ende war.

Bei muslimischen Festen war es besonders schlimm. Oft konnten wir wegen des Lärms aus der Moschee nachts nicht schlafen. Als ich das erste Opferfest in Beit Jala miterlebte, war es mir, als hätte ich einen bösen Traum. Im Halbschlaf hörte ich Hunderte von Männerstimmen, die in einer Art Singsang »Allahu akbar« riefen. Es war eine gefühlte Endlosschleife, die sie in Trance versetzte und mich in einen Albtraum.

Im Laufe der Jahre wurde die muslimische Gemeinde in unserer Nachbarschaft immer aktiver. Sie schickten Missionare, Rijal Al Daawe genannt, von Haus zu Haus, um für den Islam zu werben. Eines Tages kamen einige von ihnen mit ihren langen Bärten und weißen Turbanen auf dem Kopf zu meinen Schwiegereltern in die Wohnung.

Johnny hörte, wie einer der Männer sagte: »Ihr Christen macht aus einem Gott drei Götter!«, und setzte sich dazu.

»Das ist falsch«, antwortete er. »Unser Gott ist ein dreieiniger Gott und besteht aus Vater, Sohn und Heiligem Geist. Jesus ist Gottes Sohn und gleichzeitig ist er selbst Gott!«

»Halt den Mund!«, schrie ihn sein Onkel an, der auch in der Runde saß. »Das ist Blasphemie! Du beleidigst den Islam, wenn du sagst, dass Jesus Gottes Sohn ist!«

Die Situation zwischen Christen und Muslimen war so angespannt, dass viele Christen Angst hatten, sich in irgendeiner Weise mit Muslimen anzulegen. Deshalb redeten sie ihnen nach dem Mund oder verleugneten sogar ihren eigenen Glauben wie Johnnys Onkel.

Einmal gab es in der Stadt eine Massenschlägerei zwischen christlichen und muslimischen Jugendlichen. Einige Muslime waren verärgert, weil sie nicht in einen privaten christlichen Klub gelassen wurden. Sie brachten Verstärkung mit und griffen die Christen an. Mit Eisenstangen, Stöcken und Steinen trafen die beiden Gruppen genau vor unserem Haus aufeinander. Schnell rief ich unsere Kinder rein. Nur wenige Augenblicke später flogen Steine durch die Luft. Einige landeten sogar auf unserem Balkon.

Der Konflikt breitete sich auf die ganze Nachbarschaft aus. Immer mehr Jugendliche schlossen sich den beiden verfeindeten Gruppen an. Johnny mischte sich ein und geriet mitten in die Auseinandersetzung. Er versuchte, die jungen Leute zur Vernunft zu bringen, doch er schaffte es nicht. Einer der jungen Männer kam Johnny im Gefecht ganz nah und zischte ihn an: »Wir kriegen euch und euer Kreuz noch unter die Füße!« Erschrocken wich Johnny zurück. Erst Stunden später wurde der Konflikt durch eine Ausgangssperre beendet.

Von Anfang an erlebten wir aufregende Zeiten in unserer Wohnung neben der Moschee. Wir liebten unser Zuhause und vor allem unseren unglaublichen Ausblick, der bis nach Jerusalem reichte. Doch wir sahen nicht nur in die Ferne. Wir bekamen alles mit, was sich an Problemen unmittelbar vor unserer Haustür abspielte, vor allem später, in der Zeit der Zweiten Intifada.

»Wir kriegen euch und euer Kreuz noch unter die Füße!«

In unseren eigenen vier Wänden aber fühlten wir uns sicher. Hier lebten wir in einer kleinen deutsch-arabischen Oase. Als Familie sprachen wir miteinander deutsch. Wir lasen deutsche Bücher, hörten deutsche Musik und schauten deutsche Filme. Wir hatten Regeln, an die sich alle halten mussten, wie feste Schlafens- und Essenszeiten, ganz im Gegensatz zu den arabischen Familien ringsum. Unsere Kinder mussten im Haushalt mithelfen. Sie bekamen nur wenig Süßigkeiten und durften ausschließlich zu festgesetzten

Zeiten fernsehen. Diese Abmachungen waren für unsere Kinder selbstverständlich, obwohl es bei ihren Klassenkameraden oder in der Verwandtschaft völlig anders aussah. Wir waren glücklich in unserer eigenen Kultur. Sie war weder deutsch noch arabisch, sondern eine Mischung von beidem. So wie wir.

Für mich war unsere Wohnung aber nicht nur eine Oase, in der ich auftanken konnte, sondern auch ein Zufluchtsort. Wenn ich mich auch in der fremden Welt da draußen oft nicht zurechtfand, so hatte ich doch zu Hause alles im Griff. Hier konnte ich sein, wie ich wirklich war. Hier fühlte ich mich sicher und geborgen.

10 LEBEN IN EINER FREMDEN WELT

»Da habe ich mir ja was eingebrockt!« Mit brummendem Schädel saß ich vor meinem Arabischbuch. Hätte ich einen Italiener oder einen Franzosen geheiratet, wäre das mit dem Sprachelernen sicherlich leichter gewesen. Die arabische Sprache war und ist für mich wohl eine der größten Herausforderungen meines Lebens.

Das Abenteuer begann mit einem Sprachkurs in Jerusalem. »Gesprochenes Arabisch für Ausländer« war der Titel des Lehrbuchs, das wir durcharbeiteten. Der Unterricht fand an vier Nachmittagen in der Woche statt. Allein die Fahrt nach Jerusalem war schon aufregend genug. Insgesamt fünf Stunden war ich jedes Mal außer Haus. Mein Mann wollte sich in der Zeit um die Kinder kümmern, während sonst meistens er derjenige war, der unterwegs war.

Von Bethlehem fuhr ein Bus nach Jerusalem. Die Grenzen zu den israelischen Gebieten waren damals noch offen. Es gab keinen Checkpoint und man konnte auch mit palästinensischem Autokennzeichen überall hinfahren.

Meine Sprachschule war in einem der prunkvollsten alten Gebäude in Jerusalem untergebracht: dem Notre Dame Hotel gegenüber vom Neuen Tor. Von hier hatte man einen atemberaubenden Blick auf die Altstadt. In einem Nebenraum versammelten sich etwa zwölf bis fünfzehn Schülerinnen und Schüler aus der ganzen Welt. Die meisten waren Volontäre in arabischen Einrichtungen, aber einige hatten einen palästinensischen Ehepartner, so wie ich.

Unsere Lehrerin Samia war eine elegante Dame kurz vor dem Rentenalter. Der Unterricht sollte theoretisch nur in Arabisch stattfinden. Aber Samia verfiel immer wieder ins Englische. Vor allem, wenn sie ihre amüsanten Geschichten über Kultur und Leute erzählte.

Wir lernten in diesem Kurs nicht die arabische Schrift, sondern lediglich hören und sprechen. Die Vokabeln waren in lateinischen Buchstaben und Sonderzeichen wiedergegeben. Manche Laute waren sehr gewöhnungsbedürftig. Als Norddeutsche hatte ich große Schwierigkeiten mit dem rollenden »R«. Bis heute fällt es mir nicht leicht, diesen Laut korrekt auszusprechen. Aber der Unterricht machte mir Spaß und ich war hoch motiviert. Ich wusste: Wenn ich beim Sprachelernen nicht alles gebe, werde ich mich in meiner neuen Heimat nie richtig wohlfühlen.

Bei Gesprächen fühlte ich mich oft ausgeschlossen. Mein Mann tat sich schwer, ständig für mich zu übersetzen. Einmal saßen wir in einer Runde und die Leute redeten und redeten. Als ich fragte, worum es ging, war Johnnys Antwort: »Das war nicht so wichtig!« Ein anderes Mal lachten sich alle krumm. Ich wollte mitlachen und fragte nach. Doch Johnny meinte: »Das war überhaupt nicht witzig!« Manchmal sagte er auch einfach: »Das kann man nicht übersetzen!«

Der Unterricht machte mir Spaß und ich war hoch motiviert.

Ich beschloss, die Sprache so gut wie möglich zu lernen, und legte mich mächtig ins Zeug. Bis ich nach dem Unterricht nach Hause kam, war es meistens 19 Uhr. Höchste Zeit, um den Kindern Abendbrot zu machen und sie ins Bett zu bringen!

Oft fand ich sie bei meiner Rückkehr jedoch nicht zu Hause, sondern bei meiner Schwiegermutter: Verschmiert mit Schokolade, vollgefuttert mit Chips, vor dem Fernseher und mit auslaufenden Windeln. Von Johnny keine Spur. Ihm war etwas »Wichtiges« dazwischengekommen und so hatte er die Kinder kurz entschlossen eine Etage tiefer bei seiner Mutter abgeliefert.

Ich war darüber sehr verärgert und fühlte mich von Johnny im Stich gelassen. Manchmal sagte ich ihm: »Wenn wir zuerst nach Jordanien gegangen wären, hätte ich die Sprachschule für Ausländer dort besuchen müssen. Dann wäre dir nichts anderes übrig geblieben, als dich um die Kinder zu kümmern.«

So prallten unsere Kulturen und unser Verständnis von Elternschaft aufeinander. Bis die Kinder schliefen und ich die Spuren des Tages in der Wohnung beseitigt hatte, war es meistens schon ziemlich spät. Und dann musste ich noch die Vokabeln für den nächsten Tag lernen.

Der Sprachkurs dauerte drei Monate und ich war erstaunt, was ich in diesem Zeitraum alles lernte. Ich verstand jetzt viel und konnte die wichtigsten Alltagsangelegenheiten bewältigen. Zu dem so wichtigen Small Talk reichten meine Arabischkenntnisse schon nach wenigen Wochen. »Kif halek?«, fragten mich unsere Besucher oft mit übertrieben deutlicher Aussprache. Wenn ich auf diese Frage nach meinem Wohlbefinden mit »mabsuta« (gut) antwortete, waren sie total begeistert. »Du sprichst aber schon gut Arabisch!«, lobten sie mich.

Was vermutlich als liebe Ermutigung gemeint war, kam bei mir jedoch nicht an, weil es mir zu oberflächlich erschien. *Ihr habt nur ein einziges Wort von mir gehört und findet das schon toll?*, dachte ich oft.

Später gab es auch die umgekehrte Situation. Als ich nach Jahren schon gut mit der Sprache zurechtkam, taten Leute so, als würden sie meine Aussprache nicht verstehen. Einige sagten mir direkt ins Gesicht: »Du sprichst ja immer noch so schlecht Arabisch!« Das verletzte und entmutigte mich.

Mir war es sehr wichtig, beim Sprechen möglichst keine Fehler zu machen. Wenn ich mir bei einem Wort nicht sicher war, sagte ich es lieber nicht. Das war natürlich nicht gerade förderlich beim

Sprachelernen, aber ich wollte mich auf keinen Fall blamieren. Johnny war das komplette Gegenteil. Ihm war nichts peinlich. Seine grammatikalischen Fehler im Deutschen waren ihm egal, Hauptsache, er konnte sich verständigen.

Und er ermutigte mich durch seine Art sehr. Er freute sich über meine Fortschritte im Arabischen und verbesserte mich fast nie. Entweder bemerkte er meine Fehler nicht oder er ignorierte sie einfach aus Liebe.

Nach dem Sprachkurs in Jerusalem nahm ich Privatunterricht bei einem Lehrer für Deutsch und Arabisch in Bethlehem. Ich hatte hohe Ziele und es war mir wichtig, auch Lesen und Schreiben zu lernen. So begann das nächste Abenteuer.

»Du sprichst ja immer noch so schlecht Arabisch!«

Auf den ersten Blick erscheint die arabische Schrift wie wirres Geschnörkel. Es ist nicht leicht, die einzelnen Buchstaben zu identifizieren. Viele nehmen unterschiedliche Erscheinungsformen an, je nachdem, ob sie alleine, am Anfang, in der Mitte oder am Ende eines Wortes stehen. Das und die Tatsache, dass die kurzen Vokale nicht mitgeschrieben werden, macht das Lesen für einen Anfänger schwer. Im Prinzip kann man generell nur Wörter lesen, die man bereits kennt, weil man sonst nicht weiß, welche Vokale zu sprechen sind. Auf der anderen Seite kann man mit der Zeit an der Wortwurzel (den drei Hauptkonsonanten) erkennen, zu welcher Wortfamilie das Wort gehört.

Eine weitere Schwierigkeit ist, dass das gesprochene Arabisch und Hocharabisch sich sehr unterscheiden – wie die Dialekte im Deutschen, nur dass keiner im Alltag Hocharabisch spricht, es ist eine reine Schriftsprache. Das war absolut verwirrend für mich. Wenn ich mir ein umgangssprachliches Wort in arabischen Buchstaben aufschreiben wollte, sagte Johnny, dass man das Wort nicht schreiben könne. Ich verstand die Welt nicht mehr. Warum sollte man ein Wort nicht schreiben können?

»Wenn du das Wort schreiben willst, musst du Hocharabisch benutzen, und dann ist es ein ganz anderes Wort!« So schrieb ich auf meine Vokabelkarte für das Wort Fenster: in Umgangssprache »Shubak«, in Hocharabisch »Nafitha«.

Bei dem Lehrer in Bethlehem nahm ich mehrere Jahre lang Sprachunterricht. Es gab Zeiten, in denen ich gut vorankam. Doch wenn eines meiner Kinder krank war, musste ich den Unterricht oft ausfallen lassen. Dann kam ich wochenlang nicht zum Lernen und es erschien mir, als müsste ich wieder von vorne anfangen.

Später machte ich mit einem anderen Lehrer weiter, der mir die arabische Grammatik beibrachte. Bei ihm musste ich sogar Prüfungen ablegen. Als Melissa sich einen meiner Tests anschaute, meinte sie: »Das ist doch einfach. Das haben wir schon in der dritten Klasse gelernt!« Das war nicht gerade ermutigend.

Meine Kinder hatten mich beim Sprachelernen längst überholt. Während ich mich jahrelang wie eine Erstklässlerin fühlte, sprachen sie fließend Arabisch. Oft stand ich daneben, wenn sie sich mit Einheimischen unterhielten, und verstand nur die Hälfte. Fassungslos schüttelte ich dann den Kopf und sagte laut zu mir selbst: »Ich verstehe meine eigenen Kinder nicht mehr!«

Mein niedriges Sprachniveau war oft der Grund dafür, weshalb ich mich zurückzog. Mit der Zeit wurde ich immer schweigsamer. Auf Arabisch war ich eine andere Persönlichkeit als auf Deutsch. Ich konnte keine Witze reißen oder flapsige Bemerkungen machen. Bestimmt war es für Araber nicht sehr spannend, sich mit mir zu unterhalten. Zwar wurde mir oft gesagt, wie gut mein Arabisch sei, aber das konnte ich nicht nehmen. Ich war unzufrieden und gehemmt. Mir selbst reichte das nicht. Ich fühlte mich begrenzt. Ich war nicht ich selbst.

Auch als Mutter konnte ich aufgrund der Sprache nicht so agieren, wie ich es gerne wollte. Bei ihren Hausaufgaben war ich meinen Kindern keine große Hilfe. Wenn sie Probleme in der Schule hatten, kümmerte Johnny sich darum.

Dafür arbeitete ich vieles mit ihnen auf, was sie in der Schule aufgeschnappt hatten oder gelehrt wurden. Oft war ich erschüttert, welche politischen oder religiösen Aussagen ihnen in der Schule eingebläut wurden. Vor allem in der Zeit der Zweiten Intifada schürten die Lehrer viel Hass. Ich konnte nicht zulassen, dass sich solche Gefühle in den Herzen meiner Kinder einnisteten. Wir wollten Friedensstifter sein! Mit der Hilfe von Jesus wollten wir alle Menschen lieben, selbst unsere Feinde! Das versuchten wir unseren Kindern immer wieder zu vermitteln. Doch es war nicht leicht, gegen die allgemeine Meinung, die Ungerechtigkeit und die grausamen Geschichten anzukommen, die sie hörten.

Einmal waren Johnny und ich mit dem Auto unterwegs, als uns in Beit Jala ein Demonstrationszug von Schulkindern entgegenkam. Sie hatten sich nach dem Unterricht zusammengefunden und marschierten die lange Hauptstraße hinunter Richtung Altstadt: »PLO! Israel no!«, riefen sie im Sprechchor. Wir fuhren mit unserem Wagen ein wenig zur Seite und ließen sie passieren. »Sieh dir das mal an! Da sind Viertklässler mit dabei!«, rief Johnny, ebenso erstaunt wie ich.

> *Mit der Hilfe von Jesus wollten wir alle Menschen lieben! Selbst unsere Feinde!*

Plötzlich hörten wir ein lautes Hupen und Quietschen. Mehrere israelische Militärjeeps fuhren heran. Die Soldaten sprangen heraus und schossen Tränengas auf die Gruppe. Die Kinder fingen an, zu schreien und zu rennen. Es herrschte ein totales Chaos.

Schnell drehte Johnny die Scheiben unseres Autos hoch, aber wir hatten schon einiges von dem Gas abbekommen und die Wirkung setzte sofort ein. Hustend und mit tränenden Augen machten wir uns auf den Nachhauseweg. *Da hätten auch unsere Mädchen dabei sein können!,* dachte ich erschrocken.

Große Angst überfiel mich. Aus Sorge um unsere Kinder war ich mir nicht mehr sicher, ob ich weiterhin in diesem Land bleiben wollte. Dabei hatte ich nie Heimweh. Ich kämpfte zwar häufiger mit einem Kulturschock, aber das bedeutete nicht, dass ich nach Deutschland zurückkehren wollte. Ich wusste, dass mein Platz in Beit Jala war. Doch jetzt ging es nicht um mich. Es ging um unsere Kinder!

Ich wollte nicht, dass sie in solch einer Atmosphäre aufwachsen. Ich hatte Angst, sie würden mir entgleiten. Das beinhaltete mehr, als nicht zu verstehen, was sie in Arabisch sagten. Ich fürchtete, dass die Prägung der Gesellschaft stärker sein könnte als die ihres Elternhauses, dass sie sich in einer Weise entwickeln würden, die mir nicht gefiel, oder dass ihnen bei den ständigen Gewaltausbrüchen in diesem Land etwas zustoßen könnte. Ich wollte sie nicht verlieren!

In meiner Verzweiflung betete ich zu Gott und legte ihm all meine Sorgen vor die Füße. Und dann hörte ich Gottes Stimme zu meinem Herzen sprechen: »Mach dir keine Sorgen. Ich kümmere mich um deine Kinder!« Dieser Augenblick war ein wichtiger Einschnitt für mich. Gott wandte meinen Blick von den Problemen ab und richtete ihn auf sich selbst.

Ich verstand, dass ich das Leben, die Entwicklung und auch die Zukunft meiner Kinder nicht in der Hand habe. Egal, wo ich lebe. Nicht in Deutschland und nicht in den palästinensischen Gebieten. Nicht im Frieden und nicht im Krieg. Ich kann sie nicht vor allen Gefahren bewahren. Das kann nur Gott! Ich ließ meine Kinder los und gab sie in Gottes Hand. Mein aufgewühltes Mutterherz beruhigte sich und ich erlebte unaussprechlichen Frieden.

Doch schon bald kamen andere Dinge, die mir Sorgen machten. Unsere Wohnsituation wurde immer schwieriger. Weil wir keinen Garten hatten, legten wir für unsere Kinder einen kleinen Spielplatz auf unserem Flachdach an. Aber die Schaukel und der Sandkasten langweilten sie schon nach kurzer Zeit. Sie wollten nach unten auf die Straße, um dort mit anderen Kindern zu spielen.

Vor unserem Haus gab es neben einer kleinen Straße nur einen winzigen freien Platz direkt vor der Moschee, der meistens mit Autos zugeparkt war. Außerdem gab es häufig Ärger, wenn die Kinder dort spielten. Entweder mit den Nachbarn, mit den Leuten von der Moschee oder mit Johnnys Familie, die sich überall einmischte. Oft kam eines unserer Kinder schon nach kurzer Zeit heulend zurück in die Wohnung. Es war ein täglicher Kampf.

Eine andere Gefahrenquelle war die Hauptstraße, die nur wenige Meter an unserem Haus vorbeiführte. Unseren Kindern war es ausdrücklich verboten, diese Straße allein zu überqueren. Die Autos fuhren hier wie verrückt und es kam oft zu Unfällen. Doch an demselben Tag, an dem ein kleiner Junge in der Stadt überfahren wurde und starb, sah ich zu meinem Entsetzen, wie mein fünfjähriger Nadim über die Straße rannte. Ich war verrückt vor Sorge. »Hätten wir bloß nicht hier gebaut!«, klagte ich Johnny die Ohren voll. Ich wünschte mir einen Garten für die Kinder. Einen sicheren Ort, an dem sie nach Herzenslust spielen und toben konnten. Mein Mann war ebenfalls unglücklich über unsere Wohnsituation. Wir suchten unaufhörlich nach Lösungen aus unserem Dilemma, aber wir hatten kein Geld, um woanders hinzuziehen.

»Hätten wir bloß nicht hier gebaut!«

Die ständigen Konflikte und die Sorge um die Sicherheit meiner Kinder stahlen mir jegliche Freude. Wieder war ich am Ende meiner Kräfte. Und wieder sprach Gott zu mir und gab mir eine

Verheißung: »Ich werde euch ein wunderbares Leben schenken. Ihr werdet nicht nur überleben, sondern ihr werdet das Leben im Überfluss haben!«

An dieser Verheißung Gottes hielt ich mich fest. Sie half mir, in meinem schwierigen Alltag nicht die Perspektive zu verlieren. Jahre später erlebte ich, wie Gott sein Versprechen wahr machte. Und zwar auf viel größere und wunderbarere Weise, als ich jemals zu träumen gewagt hätte.

11 CAPPUCCINO UND BEGEGNUNG

Mit lautem Scheppern öffnete Johnny die schweren Eisentüren unseres kleinen Zentrums und schob sie zur Seite. Die hohe Glasfront, die dahinter erschien, ließ genügend Licht in den langen Raum fallen. Die Atmosphäre war freundlich und einladend. Auf den renovierten Holztischen lagen lila Deckchen. Darauf standen jeweils ein gelbes Teelicht und ein kleiner künstlicher Rosentopf. Die alten Stühle waren mit blauem Stoff bezogen, genau wie die selbst gebauten Regale in der Bücherecke. In einen großen Teil des hohen Raumes hatten wir eine Empore einbauen lassen und dadurch einiges an Fläche gewonnen. Im hinteren Bereich gab es eine kleine Küchenzeile, die durch eine Theke von dem übrigen Raum abgetrennt war. Hier stand unser Vorrat an aromatisierten Tees aus Deutschland und – ganz wichtig – die Dose mit dem Cappuccino-Pulver!

»Das ist doch viel zu groß für uns!«, hatte ich zu Johnny gesagt, als er mir im Herbst 1996 die Räumlichkeiten, die sich noch im Rohbau befanden, zeigte. Doch Johnny war anderer Meinung. »Das ist nicht zu groß! Du wirst sehen, wir brauchen diesen Platz!« Wir unterschrieben den Mietvertrag und begannen, unsere »Teestube« auszubauen.

Schon länger hatten wir nach geeigneten Räumen für unsere Arbeit gesucht, denn bei uns zu Hause ging es inzwischen zu wie in einem Taubenschlag. Es war ein ständiges Kommen und Gehen. Johnny war – wie schon in seiner Kindheit – Hans Dampf in allen Gassen. Er lebte von Beziehungen. Ständig war er unterwegs und täglich brachte er Leute mit in unsere Wohnung. Neben dem

Hauskreis gab es nun auch eine Kinderstunde bei uns. Gleichzeitig unterrichtete Johnny Religion an einer christlichen Schule in Beit Jala. So lernte er viele Teenager kennen, zu denen er intensive Kontakte aufbaute. Oft saß er mit ihnen stundenlang in unserem Wohnzimmer. Unser Haus war ständig voll und wir hatten kaum noch Privatleben. Sosehr ich mich über das Interesse der Menschen am Glauben freute, wir brauchten einen Rückzugsort.

In seiner Zeit in Wiedenest hatte Johnny in einer christlichen Teestube mitgearbeitet und war davon fasziniert. »Das wäre doch etwas für unsere Stadt«, sagte er oft. »Ein Ort der Begegnung mit verschiedenen Angeboten für Jugendliche und Kinder würde bei uns bestimmt gut ankommen!«

Unser Haus war ständig voll und wir hatten kaum noch Privatleben.

Nach der Ersten Intifada gab es wenig Angebote zur Freizeitgestaltung in der Stadt. Alles war wie eingeschlafen oder aufgrund der schwierigen Situation geschlossen. Viele junge Männer fanden nach dem Schulabschluss keine Arbeit und hingen deshalb auf der Straße herum. Viele hatten Alkohol- und Drogenprobleme. Wir wollten einen Treffpunkt anbieten, an dem auch sie willkommen waren.

Und nun war unser Zentrum fertig. »Beit Al Liqa'« stand in blauen Buchstaben auf dem Schild über dem Eingang: »Haus der Begegnung«. Der Name war Programm. Täglich fanden hier Begegnungen statt.

»Hallo Jungs«, begrüßte Johnny ein paar Jugendliche, die neugierig durch die Fensterscheibe sahen. »Kommt doch herein!«

Zögernd setzten sich die Gäste an einen der freien Tische. »Was verkaufst du denn hier?«, wollten sie von Johnny wissen.

»Ach, wisst ihr, bei uns geht es gar nicht so um das Verkaufen. Uns ist die Begegnung mit Menschen viel wichtiger!«

Stirnrunzelnd schauten die jungen Leute ihn an.

»Aber wenn ihr etwas trinken wollt«, fuhr Johnny fort, »ich habe hier einen superleckeren Cappuccino aus Deutschland. Den müsst ihr unbedingt probieren!« Schon sprang er auf und rührte jedem der Besucher eine Tasse mit dem Zauberpulver an. Wie gut, dass uns Freunde mit einem großen Vorrat versorgt hatten!

»Vorsicht, heiß!« Er stellte die Tassen auf den Tisch und setzte sich zu den jungen Leuten. Während die Gäste an ihrem Cappuccino nippten, verwickelte Johnny sie in ein Gespräch. Er hatte eine Gabe dafür, aus flüchtigen Begegnungen intensive Kontakte entstehen zu lassen.

Die Leute kamen nicht nur, um etwas zu trinken. Sie kamen zum Reden. Sie brauchten ein Gegenüber. Sie waren auf der Suche. »Habt ihr schon von dem neuen Zentrum in der Stadt gehört?«, fragten sie hinter vorgehaltener Hand. »Da soll es jeden Abend voll abgehen! Die singen da sogar und einige von ihnen laufen ständig mit der Bibel herum.«

Unsere Teestube war zum Stadtgespräch geworden. Viele wurden neugierig, was sich in unserem Zentrum abspielte. Aber zahlreiche Menschen trauten uns nicht. Weil wir nicht zur orthodoxen Kirche gehörten, dachten sie, wir wären eine Sekte.

So auch eine Gruppe von jungen Männern, die um die Weihnachtszeit 1997 die Teestube betrat, um in unserem Zentrum eine Schlägerei anzufangen. Sie hatten geplant, uns auf irgendeine Weise zu schaden. Sie wollten keine Sektierer in ihrer Stadt dulden!

Doch zunächst einmal wollten sie die Lage checken. Heute war eine besondere Veranstaltung mit einem Redner aus Ägypten. »Das ist ja zum Piepen, wie der redet!«, prusteten die jungen Männer.

Die Palästinenser lieben den ägyptischen Dialekt, der sich stark von ihrem unterscheidet. Die besten Komödien im Fernsehen kommen aus Ägypten. Und jetzt hörten die jungen Männer, die gerade die Teestube betreten hatten, einen Ägypter live vor sich. Sie zogen sich ein paar Stühle heran und setzten sich, um besser hören zu können. Hatten sie denn völlig vergessen, wozu sie hergekommen waren?

Während sie dasaßen, wurden sie immer stiller. Mamduh erzählte die Geschichte von einem Vater, der vor Gericht die Strafe seines Sohnes übernahm und für ihn ins Gefängnis ging. »Genau das hat Jesus für dich getan. Für dich und für mich. Für jeden Einzelnen von uns. Gott kann nicht zulassen, dass Schuld ohne Konsequenzen bleibt. Wenn jemand schuldig ist, muss er bestraft werden. Jesus hat die Strafe der ganzen Welt auf sich genommen und dafür bezahlt. Er wurde zum Tode verurteilt und ist für jeden von uns gestorben. Wenn wir von Gott freigesprochen werden wollen, müssen wir nur das Geschenk von Jesus annehmen!«

Noch nie hatten die jungen Männer solche Worte gehört.

Noch nie hatten die jungen Männer solche Worte gehört. Sie waren tief bewegt und baten den Pastor, mit ihnen zu beten.

»Das tue ich gerne«, antwortete ihnen Mamduh. »Aber ihr könnt auch selbst mit Gott sprechen. Ihr könnt ihm alles sagen, was ihr auf dem Herzen habt. Er freut sich, wenn ihr mit ihm sprecht!«

Und so kam es, dass die fünf jungen Männer, die in unsere Teestube gekommen waren, um uns etwas Böses anzutun, an diesem Abend das Beste fanden, was man im Leben finden kann: Vergebung, Frieden mit Gott und eine neue Perspektive für ihr Leben!

»Ihr müsst unbedingt mitkommen ins Beit Al Liqa'!«, ermutigten Elias und Rami ihre Freunde am nächsten Tag. »Es ist unglaublich, was in der Bibel steht!«

»Ach, gehört ihr jetzt auch zu den Frommen, die das mit dem Glauben total übertreiben?«, lachte ein Freund sie aus.

Doch die beiden gaben nicht auf. Sie erzählten in ihrem ganzen Freundeskreis von ihrem Erlebnis im Beit Al Liqa' und brachten jeden Abend neue Leute mit in die Teestube. Es war eine bewegende Zeit.

»Ich geh schon mal mit den Jungs nach oben!«, rief Johnny Mamduh zu, der gerade ein paar Besucher begrüßte. »Alles klar. Aber sagst du mir vorher noch, wo der Cappuccino steht?«

Aufgeregt stiegen die jungen Männer die Treppe hinauf. In dem niedrigen Raum auf der Empore nahmen sie an einem großen Tisch Platz. »Wo waren wir noch mal stehen geblieben?«, wollte Elias wissen und blätterte in seiner Bibel. »Lukas Kapitel 15«, erinnerte ihn Rami. »Das Gleichnis vom verlorenen Sohn!«

Johnny setzte sich dazu, verteilte ein paar Bibeln an die Neuen und begann den Abend mit einem Gebet. Danach las er den Bibeltext vor.

Kurz darauf kam Johnnys Bruder Kareem mit seiner Verlobten Kathrin und ihrer Schwester Ronza dazu. Auch Mamduh brachte zwei neue Leute mit auf die Empore und stellte sie als Raed und Samer vor. Sie nahmen Platz und hörten zu, was Johnny ihnen über das Gleichnis erzählte.

Ein Aufbruch begann unter den jungen Leuten in unserer Stadt.

Abend für Abend wurde das Haus der Begegnung voller! Und jeden Abend gab es neue Begegnungen mit Gott. Ein Aufbruch begann unter den jungen Leuten in unserer Stadt. Sie veränderten sich so radikal, dass sie bei vielen Menschen auf Unverständnis stießen.

»Vor Kurzem hingen die noch auf der Straße herum und haben gesoffen und jetzt reden sie die ganze Zeit nur von Jesus! Da stimmt doch etwas nicht!«, sagten die einen.

»Die sind auf Drogen! Deshalb grinsen die so!«, meinte ein anderer zu wissen. »Johnny Shahwan verteilt Drogen in der Stadt. Er hat eine Spritze, die hält ein halbes Jahr lang an!«

Als ich das zum ersten Mal hörte, konnte ich nicht mehr aufhören zu lachen. Das Gerede war einfach unglaublich!

»Ist Johnny da?«, fragte George. Er blieb in der halb geöffneten Tür stehen, nahm seinen Priesterhut ab und wischte sich über die verschwitzte Stirn.

»Guten Abend, heiliger Vater!«, begrüßte Rami ihn respektvoll. »Johnny ist gerade weggefahren. Er kommt aber gleich wieder!«

Interessiert schaute der Priester in die Runde und nickte den einzelnen Besuchern betont freundlich zu. Dann verabschiedete er sich hastig und ging.

»Das ist nicht das erste Mal, dass er kurz vorbeischaut. Vor ein paar Tagen war er auch da und hat mit Johnny geredet!«, sagte Rami zu Mamduh.

»Das ist Johnnys Bruder!«, erklärte Nihad seinem ägyptischen Kollegen. »Er ist orthodoxer Priester hier in Beit Jala!«

»Gestern war er bei uns«, mischte sich Elias in das Gespräch ein. »Er hat meinen Eltern gedroht, sie aus der Kirche zu werfen!«

»Warum das denn?«, wollte Ala wissen.

»Weil ich ins Beit Al Liqa' gehe!«

»Und was hast du geantwortet?«, wollte Samer wissen.

»Heiliger Vater«, habe ich gesagt, »als ich jede Nacht gesoffen und gekifft habe, haben Sie sich nicht um mich gekümmert. Aber jetzt, wo ich durch Jesus einen neuen Sinn und ein neues Ziel in meinem Leben gefunden habe, wollen Sie, dass ich zurück in Ihre Kirche komme?«

»Der Priester hat meinen Eltern gedroht, sie aus der Kirche zu werfen!«

Es war schon fast Mitternacht, als Johnny der kleinen Besuchergruppe, die noch mit Mamduh an einem Tisch saß, lachend zurief: »Jetzt ist aber mal Feierabend! Der Nachbar hat gerade angerufen. Er kann nicht schlafen, weil ihr zu laut singt!«

Kurz darauf schloss sich die schwere blaue Eisentür unseres Zentrums mit einem lauten Knall. Als Johnny ins Auto stieg, um nach Hause zu fahren, sah er Elias und Rami unter der Straßenlaterne stehen. Sie hielten eine geöffnete Bibel in der Hand und diskutierten über einen Vers, den sie heute gelesen hatten.

»Die können einfach nicht genug kriegen!«, meinte er schmunzelnd und winkte ihnen zum Abschied zu. »Gute Nacht, Jungs! Wir sehen uns morgen!«

»Gute Nacht!«, riefen die jungen Männer zurück. »Und halt die Ohren steif!«

»Es tut mir leid, Johnny! Das ist bestimmt sehr schwer für dich!« Betroffen hörte ich zu, was mein Mann mir erzählte.

»Mein eigener Bruder nennt mich Sektierer! Das tut so weh!« Erschüttert saß Johnny neben mir und konnte nicht glauben, was er von den Leuten in der Stadt gehört hatte. »Er hat schon einige der jungen Leute besucht. Er verbietet ihnen, ins Beit Al Liqa' zu gehen! Dabei weiß er genau, dass ich nichts Falsches predige. Ich weiß nicht, warum er das tut!«

»Ein Prophet gilt nichts in seiner Heimatstadt!«, erinnerte ich meinen Mann.

»Ja, ich weiß. Ich habe schon die ganze Zeit daran gedacht. Doch Gott hat hier in meiner Heimat einen Auftrag für mich. Und davon kann mich niemand abbringen!«

12 CHRISTOPHER KIRCHENMAUS AUF ARABISCH

»Schon so spät? Jetzt muss ich mich aber beeilen!« Nach einem kurzen Blick auf die Uhr wandte ich mich wieder meiner Arbeit zu. Gestern hatte ich es nicht mehr geschafft, den Lernvers für die Kinderstunde fertigzustellen, und jetzt blieb mir nicht mehr viel Zeit. Schnell überzog ich die auf Pappe gemalten Formen mit einer Schutzfolie und schnitt sie aus: ein rotes Herz mit lachendem Gesicht, Armen und Beinen.

»Ihr wisst das alles – nun handelt auch danach« (Johannes 13,17), stand in arabischen Buchstaben auf den Pappteilen. Mit dieser visuellen Hilfe wollten wir den Kindern erklären, dass Wissen allein nicht genügt. Das Gelernte muss praktisch werden. Es muss Hände und Füße bekommen! Zufrieden betrachtete ich mein Werk und ging danach in die Küche, um den Tisch zu decken.

Bald darauf kamen die Kinder von der Schule. Melody hatte eine Freundin mitgebracht, die auch in die Kinderstunde gehen wollte. Wir ließen uns die Spaghetti mit Spinatsoße schmecken und machten uns bereit. Ich warf noch mal einen Blick auf meine Checkliste: der Lernvers, die Kärtchen mit dem Vers zum Verteilen, die Bastelarbeit, das Buch mit der Geschichte und meine Gitarre. Das müsste alles sein.

Als wir in der Teestube ankamen, waren die meisten Stühle schon besetzt. Marlene, eine Lehrerin aus Bethlehem, unterhielt sich angeregt mit einigen Kindern. Johnny holte noch ein paar Stühle von der Empore.

»Das wird wieder voll heute!«, stellte meine Namensvetterin fest.

»Ja, aber wir haben hinten noch ein paar Tische stehen. Da können auch noch Kinder sitzen!«

Kurz vor 16 Uhr zogen wir uns zu einer kleinen Besprechung und zum Gebet zurück. »Alles klar mit der biblischen Lektion?«, fragte ich die Lehrerin aus Bethlehem.

»Ja, aber heute ist sie ein bisschen kürzer«, antwortete sie. »Sind fünfzehn Minuten genug?«

»Auf jeden Fall. Alles in allem haben wir ein volles Programm. Johnny, hast du den Tisch mit der Wolldecke für das Anspiel vorbereitet?«

»Ja, und die Handpuppen liegen auch bereit!«

»Ich habe ein bisschen Angst vor der Geschichte«, beichtete ich meinen Teamkollegen. »Hoffentlich fallen mir alle Worte ein. Ach, Johnny, was ich dich noch fragen wollte: Was heißt eigentlich Sägespäne auf Arabisch?«

»Njara im gesprochenen Arabisch und Nschara in Hocharabisch«, antwortete er.

> »Was heißt eigentlich Sägespäne auf Arabisch?«

Nach einer kurzen Gebetsrunde verließen wir das Büro und die Kinderstunde begann. Inzwischen waren alle Stühle besetzt und auch auf den Tischen an der Wand saßen Kinder. Während ich mir meine Gitarre schnappte, schaute ich in die Runde. Ich zählte mindestens zehn Mütter und zwei Väter, die ihre Kinder begleiteten. *So viele Erwachsene? Hoffentlich blamiere ich mich nicht!*, dachte ich. Wenn ich vor den Kindern einen Fehler in Arabisch machte, fand ich das nicht so schlimm, auch wenn ich manchmal rätselte, ob sie lachten, weil die Geschichte so lustig war oder weil ich ein falsches Wort verwendet hatte. Doch vor den Erwachsenen Fehler zu machen, war mir peinlich.

Nachdem Johnny die Kinder begrüßt hatte, stimmte ich das erste Lied an: »Dies ist der Tag, den der Herr gemacht. Wir wollen uns freuen und fröhlich sein …« Über hundert Kinderstimmen erklangen in unseren Räumen, die inzwischen wirklich schon viel zu klein geworden waren.

Während mein Mann den Kindern den heutigen Bibelvers erklärte, schweiften meine Gedanken für einen kurzen Moment ab. »Was war noch mal das Wort für Sägespäne?« Ich versuchte, mich an alle Vokabeln für die Geschichte von Christopher Kirchenmaus zu erinnern. Es gibt so viele schöne Kindergeschichten auf Deutsch! Jede Woche war ich auf der Suche nach einer passenden, die die biblische Lektion ergänzte. Wie dankbar war ich für den großen Schatz an Geschichten und Bibelwissen, den ich in meiner Kindheit gesammelt hatte.

»Du bist dran!«, unterbrach Johnny meine Gedanken. Ich setzte mich hinter dem Tisch, der als Bühne diente, auf den Boden, streifte mir die beiden Handpuppen Juju und Jack über die Hände und begann meine Show. Mit zwei Puppen gleichzeitig zu spielen, war eine echte Herausforderung. Ich sprach mit zwei verschiedenen Stimmen und durfte nicht vergessen, die Münder der Puppen jeweils zur richtigen Zeit zu bewegen.

Die Kinder kreischten vor Lachen, als Juju und Jack sich gegenseitig auf die Schippe nahmen. Doch als Juju zu weinen begann, wurde es still im Raum. Erst nachdem Jack sich bei ihr entschuldigt hatte, atmeten die Kinder auf und klatschten vor Begeisterung. Geschafft. Jetzt konnte auch ich aufatmen. Wie gut, dass mein Alltag mit vier kleinen Kindern mir immer genügend Stoff für meine kleinen Anspiele lieferte.

Ich setzte mich an die Seite und hörte zu, wie Marlene die biblische Geschichte erzählte. Sie machte das super. Durch praktische Beispiele wurde die Lektion lebendig und die Kinder lernten etwas fürs Leben. *Oh Herr! Lass die gute Saat zur rechten Zeit aufgehen!*, betete ich im Stillen.

Dann war Christopher Kirchenmaus dran. Mit zitternden Knien kämpfte ich mich durch die Geschichte. Ob wohl jemand meine Unsicherheit bemerken würde? Nach ein paar Sätzen wurde ich mutiger. Mir war, als wäre nicht ich es, die redete. Ich spürte, wie Gott mir die Worte in den Mund legte. Er half mir durch Sätze hindurch, von denen ich keine Ahnung hatte, wie ich sie beenden sollte. Mir fiel sogar das Wort für Sägespäne wieder ein. Erleichtert und überglücklich stimmte ich mit der Gitarre das Abschlusslied an.

Während der Bastelarbeit kamen einige Kinder auf mich zu und bedankten sich für die schöne Geschichte.

»Es ist wirklich wunderbar, was ihr für unsere Kinder tut!«, sagte eine Mutter freudestrahlend.

»Gerne!«, rief ich ihr zum Abschied hinterher. »Und nicht vergessen: Nächste Woche haben wir ein besonderes Weihnachtsprogramm. Da kommen Fadi und Eman mit ihrem Team aus Nazareth. Das wird bestimmt großartig!«

»Es ist wirklich wunderbar, was ihr für unsere Kinder tut!«

Und das wurde es.

»Jetzt aber raus hier! Frühstückspause!«, rief ich. Eine Stunde lang hatten die Kinder dagesessen und zugehört. Nur bei den Liedern waren sie aufgestanden, um die Bewegungen, die Eman und ihre Mitarbeiterin Abla ihnen zeigten, mitzumachen.

Langweilig wurde es ihnen bei diesem abwechslungsreichen Programm garantiert nicht. Fadi und seine Frau Eman waren Meister darin, Geschichten zu erzählen. Jeder Satz, jede Geste und Mimik, jeder Tonfall passte. Sie besaßen die großartige Fähigkeit, Gottes Wort so kindgerecht weiterzugeben, wie ich es niemals zuvor erlebt hatte. Wie gut, dass sie uns bei diesem Camp unterstützten!

Schon früher waren sie dabei gewesen, als Johnny in einem Sportklub in der Stadt Kindercamps geleitet hatte. Doch in diesem Klub wollte man uns nicht mehr haben. Es passte den Verantwortlichen nicht, dass wir den Kindern so viel von Jesus erzählten. Deshalb machten wir nun unsere eigenen Camps.

»Gott sei Dank gibt es wenigstens diesen kleinen Gang hinter dem Gebäude!«, sagte ich zu Eman. »Auch wenn die Kinder hier keinen Auslauf haben, so kommen sie doch kurz an die frische Luft!«

Während die Kinder draußen ihr Frühstücksbrot aßen, bauten wir Mitarbeiter drinnen verschiedene Tischgruppen auf. Jetzt war ich an der Reihe. Ich verteilte Bastelarbeiten auf die Tische und flitzte in den nächsten drei Stunden zwischen den einzelnen Gruppen hin und her, um den Kindern ihre Aufgaben zu erklären und ihnen beim Basteln zu helfen. Wochenlang hatte ich Material dafür vorbereitet. Wenn Mütter ins Beit Al Liqa' kamen, um ihre Kinder für das Camp anzumelden, waren sie total begeistert und fragten, ob sie beim Basteln mitmachen könnten. Wir boten Glasmalerei an, Fensterbilder, Perlenketten, Windräder, Laternen und vieles mehr.

Wochenlang hatte ich Material dafür vorbereitet.

Aber nicht alle Kinder liebten das Basteln gleichermaßen.

»He! Was ist denn hier los?«, rief ich ein paar Jungs zu, die wie wild zwischen den Tischgruppen hindurchrannten. »Johnny, schaust du mal nach ihnen?«

»Wir haben keine Lust mehr zum Basteln. Wir wollen Fußball spielen!«, beschwerten sich Ibrahim und Ghassan.

»Kommt mit!«, forderte Johnny die beiden auf. »Wir gehen mal kurz nach draußen! Da könnt ihr mit dem Ball ein bisschen hin und her kicken. Aber nicht zu hoch schießen, sonst fliegt der Ball noch auf die Straße!«

Sechzig Kinder den ganzen Vormittag in den Räumen zu beschäftigen, war eine schwere Aufgabe. Wie schade, dass wir keinen Spielplatz hatten!

»Es war ziemlich anstrengend heute!«, stellten wir in der anschließenden Mitarbeiterbesprechung fest. »Die Kinder brauchen Bewegung!«

»Was haltet ihr davon, wenn wir kleine Ausflüge unternehmen?«, schlug Johnny vor.

»Das wäre super! Aber wohin sollen wir denn fahren? Es gibt keinen einzigen öffentlichen Kinderspielplatz oder Park in der gesamten Provinz Bethlehem!«, gab ich zu bedenken.

»Wir fahren nach Jerusalem. Ich kenne dort einige geeignete Plätze!«

Das war die Lösung! Wir teilten die Kinder in zwei Gruppen auf und fuhren jeden zweiten Tag mit unserem Mitsubishi-Bus und ein paar gemieteten Fahrzeugen nach Jerusalem. Die Kinder hatten einen Riesenspaß und mit einer kleineren Gruppe ging das Basteln im Beit Al Liqa' auch viel besser.

Nach vier Wochen Camp waren wir Mitarbeiter vollkommen erschöpft. Aber es war eine schöne Erschöpfung. Den Kindern hatte das Camp so gut gefallen, dass wir einfach nur glücklich und dankbar waren. Schon jetzt planten wir ein Camp fürs nächste Jahr und überlegten, was wir an unserem Programm verbessern konnten.

Doch ein Jahr später hatte sich die politische Situation im Land verändert. Die Grenzen zu den israelischen Gebieten wurden geschlossen und der Bau einer großen Sicherheitsmauer um die Provinz Bethlehem begann. Palästinenser aus den Autonomiegebieten durften nur noch mit einer Sondergenehmigung von der israelischen Militärverwaltung über die Grenzen. Ausflüge mit den Kindern nach Jerusalem waren nicht mehr möglich.

Das Sommercamp wurde in unseren engen Räumen unglaublich anstrengend. Wir brauchten mehr Platz! Und vor allem brauchten wir einen Garten!

Am Hang eines schmalen Tals direkt hinter dem Stadtzentrum lag ein terrassenförmiges Gelände. Auf der obersten Ebene befanden sich ein kleines arabisches Haus und ein Stall. Dahinter stand ein uralter Feigenbaum. Im Schatten seiner großen Blätter saß der Besitzer des Grundstückes, ein etwa achtzigjähriger Mann.

»Wie alt ist denn der Baum, Onkel?«, fragten wir ihn. Auf Arabisch benutzt man gegenüber älteren Männern diese respektvolle Anrede.

»Sehr alt. In meiner Kindheit war er schon so groß, dass wir darunter sitzen konnten!«, erklärte er uns. »Ich denke, er ist mindestens 120 Jahre alt.«

Ehrfurchtsvoll betrachtete ich das Prachtstück mit seinem dicken Stamm und den knorrigen Ästen. Seine Krone sah aus wie ein riesiges Zelt und umspannte eine Fläche von mehr als dreißig Quadratmetern. Es war Liebe auf den ersten Blick!

»Wir müssen dieses Grundstück unbedingt kaufen!«, sagte ich zu Johnny. »Es ist absolut super!« Mein Mann nickte begeistert.

Wir hatten uns schon viele Grundstücke angeschaut. Alle waren entweder zu klein, zu abgelegen oder zu teuer gewesen. Doch dieses Gelände war perfekt und der Kaufpreis für die 3 000 Quadratmeter entsprach in etwa der Summe, die wir inzwischen über unsere Mission als Spenden für dieses Projekt erhalten hatten. Viele Unterstützer und Freunde unserer Arbeit hatten sich dafür eingesetzt, dass wir ein eigenes Grundstück für das Beit Al Liqa' kaufen konnten. Es passte alles zusammen. Im April 2000 unterzeichneten wir den Kaufvertrag, und ein neues Abenteuer begann.

Am Hang eines schmalen Tals direkt hinter dem Stadtzentrum lag eine kleine Oase. Zwischen hellen Häusern aus Natursteinen und verdorrten Wiesen fiel die grüne Rasenfläche auf der obersten Fläche des terrassenförmigen Geländes besonders ins Auge. »Da will ich hin!«, riefen die Kinder im Schulbus, der seinen Nachhauseweg auf der anderen Seite des Tals nahm. Die bunten Spielgeräte auf dem saftigen Grün zogen all ihre Aufmerksamkeit auf sich. Es dauerte nicht lange, bis sich herumsprach, dass unser Spielplatz öffentlich war.

»Es ist schon viel zu voll! Da können die Kinder doch gar nicht mehr richtig spielen!« Wir konnten nicht fassen, wie viele Leute in unseren Garten kamen! Oft mussten wir die Notbremse ziehen und schlossen das große Tor. Doch schon nach kurzer Zeit sammelten sich davor wieder vierzig bis fünfzig Leute, die unbedingt in den Garten wollten. »Tut mir leid!«, vertröstete Johnny sie. »Wenn es ein bisschen leerer wird, lasse ich euch hinein!« Mit so viel Andrang hatten wir nicht gerechnet. Wir fühlten uns vollkommen überrannt und der Rasen hielt den unzähligen Fußabdrücken nicht stand. Nach ein paar Wochen mussten wir schließen, bis das Gras nachgewachsen war.

Die Sehnsucht der Menschen nach einer grünen Oase war groß. Wie freuten sie sich darüber, endlich einen Ort zu haben, an dem sie sich entspannen konnten. Hier lag kein Müll herum und keine Scherben, auf die ihre Kinder hätten treten können. Alles war sauber, angenehm und sicher. Während die Kinder auf den Spielgeräten herumtollten, genossen die Eltern die lauschigen Sitzecken. In unserem Kiosk war für Erfrischungen und kleine Mahlzeiten gesorgt. Hier fanden sie alles, was sie brauchten, und die Einnahmen setzten wir für die geistliche und soziale Arbeit des Beit Al Liqa' ein. Schon bald wurde unser Garten »Seele der Stadt« genannt.

Auch unsere Kinder waren glücklich. Nun spielten sie nicht mehr auf der Straße vor unserem Haus, sondern verbrachten jede freie Minute auf dem Beit-Al-Liqa'-Gelände. Sie brachten ihre Freunde mit und lernten neue Kinder kennen. Ständig war etwas los, nie wurde es langweilig.

Schon bald wurde unser Garten »Seele der Stadt« genannt.

Doch die friedliche Situation hielt nicht lange an. Schon bald lag Spannung in der Luft. Die Friedensgespräche zwischen Israel und den Palästinensern scheiterten. Im gesamten Westjordanland und in Gaza kam es zu gewaltsamen Ausschreitungen gegen das israelische Militär. Der zweite Aufstand der Palästinenser, die sogenannte Al-Aqsa-Intifada, begann.

Dabei sollte das Jahr 2000 ein besonderes Festjahr für Bethlehem werden. Man wollte den zweitausendsten Geburtstag von Jesus ganz groß feiern. Zahlreiche Projekte und Veranstaltungen waren rund um die Weihnachtszeit geplant. Man erwartete eine Flut von Touristen aus der ganzen Welt. Viele Menschen hatten all ihre Hoffnungen darauf gesetzt. Sie erweiterten ihre Geschäfte, bauten neue Hotels und eröffneten Restaurants. Doch die politische Lage machte ihnen einen Strich durch die Rechnung. Hass und Gewalt breiteten sich im ganzen Land aus. Die Touristen kamen nicht. Statt des erhofften großen Umsatzes standen viele Geschäftsleute in Bethlehem vor dem Ruin.

Nur ein Projekt wurde in dem Jahr in Bethlehem realisiert: unser Spielplatz! Auch während der Intifada kamen die Menschen in unseren Garten, um wenigstens für ein paar Stunden aufzuatmen. Hier konnten sich ihre Kinder nach wochenlangen Ausgangssperren endlich wieder austoben. Hier erlebten sie friedliche Momente in den langen Jahren der kriegerischen Auseinandersetzungen.

Wir waren überglücklich, dass unser Garten so gut angenommen wurde. Aber wir fragten uns auch, wie es weitergehen sollte. Wir wollten ja nicht nur einen Spielplatz, sondern auch ein Gebäude. Die Baupläne für das neue Zentrum waren fertig. Wir wollten so richtig durchstarten. Doch nun wurden wir völlig ausgebremst. Was hatte das zu bedeuten?

Hatten wir Gott falsch verstanden? Wollte er nicht, dass sich unsere Arbeit erweiterte? Welche Pläne hatte er für uns und das Beit Al Liqa'?

Wir wussten es nicht. Aber wir vertrauten Gott, dass er alles in seiner Hand hält. Das war das Einzige, auf das wir uns in dieser Zeit verlassen konnten.

13 FREUND ODER FEIND?

Quietschend bremste der Militärjeep vor unserem Haus. Soldaten sprangen heraus und verfolgten ein paar arabische Jungs, die mit lautem Geschrei die kleine Straße Richtung Altstadt entlangrannten. Von unserem Esszimmerfenster aus konnten wir sehen, wie sie in verschiedene Richtungen verschwanden. Die Soldaten blieben stehen. Einer von ihnen entsicherte seine Waffe und schoss dreimal in die Luft. Erschrocken zog ich meine Kinder vom Fenster weg. Die Kleinen fingen zu weinen.

Die Erste Intifada war noch nicht zu Ende, als wir im Herbst 1992 ins Land kamen. Es gab immer wieder Gewalt. Und heute kam es zum ersten Mal direkt vor unserer Haustür zu einem solchen Zwischenfall.

»Ihr braucht keine Angst zu haben. Uns passiert nichts. Jesus bewahrt uns«, versuchte ich die Kinder zu beruhigen.

»Hat der Herr Jesus denn auch ein Schießgewehr, um uns zu beschützen?«, wollte Melissa wissen. Mit ihren fünf Jahren machte sie sich schon mehr Gedanken als ihre jüngeren Geschwister.

Die Soldaten stiegen in ihren Jeep und fuhren weiter. Auf der Straße lagen mehrere faustgroße Steine. Den ganzen Morgen hatten die Jungs an unserer Hausecke gelauert und auf die Militärpatrouille gewartet, die mehrmals am Tag ihre Strecke abfuhr. Wie verhasst war ihnen die israelische Besatzungsmacht! Sie wollten sie loswerden. Oder zumindest dagegen demonstrieren. Deshalb warfen sie Steine auf die Fahrzeuge.

Solche Szenen hatte ich zuvor nur im Fernsehen gesehen, doch jetzt lebte ich hier und war mittendrin. Soldaten und Waffen gehörten in Beit Jala zum Alltag. Was für ein mulmiges Gefühl!

Ich hatte eine Menge Respekt vor den Soldaten. Besonders vor denen in den Behörden, denn ich fühlte mich ihnen so ausgeliefert. Jedem Besuch im israelischen Verwaltungsbüro in Bethlehem sah ich sorgenvoll entgegen. Doch mir blieb nichts anderes übrig, als dorthin zu gehen, denn wenn mein Visum abgelaufen war, musste ich ein neues beantragen.

Angespannt stand ich mit Johnny vor der Militärstation. Hunderte von Menschen warteten davor. Plötzlich öffnete sich die schwere Eisentür und ein Soldat *Soldaten und Waffen gehörten in Beit Jala zum Alltag.* kam aus dem Gebäude. Sofort fingen die Leute an, zu rufen und sich nach vorne zu drängeln. Der Soldat rief ein paar Namen auf, die Leute gingen rein und schon schloss sich die Tür wieder hinter ihm. Wir warteten weiter. Immer mehr Menschen kamen dazu. In ihren Händen hielten sie ihre Ausweise und Papiere. Jeder hoffte, seine Angelegenheit möglichst schnell erledigen zu können. Aber heute ging es nur sehr langsam voran. Unmut breitete sich aus. Es dauerte ewig, bis sich die Tür das nächste Mal öffnete. Erneut stürmten die Menschen auf die Soldaten zu. Sie schubsten sich gegenseitig und bettelten darum, eingelassen zu werden. Die Soldaten waren extrem genervt. Sie erhoben ihre Stimme, doch in dem Tumult waren sie kaum zu hören.

Plötzlich griff einer der Soldaten zu einem Wasserschlauch, der neben der Tür hing. Er drehte den Wasserhahn auf und spritzte die Leute nass. Entsetzt wichen sie zurück. »Heute kommt hier keiner mehr rein!«, verkündete ein Soldat und verschwand hinter der schweren Metalltür. Schimpfend und fluchend löste sich die

Menge auf. Wir konnten nicht fassen, was gerade geschehen war, auch wenn wir selbst nicht nass geworden waren.

Am nächsten Tag machte Johnny sich alleine auf den Weg zur Militärstation. Er zog sich extra gute Kleidung an, weil er dachte, dass er so von den Soldaten eher beachtet und hineingerufen würde. Wieder stand er mit vielen anderen vor dem Gebäude und wartete.

Nach einer Weile kam ein Soldat heraus und schaute in die Runde. »He, du da mit dem Anzug! Reinkommen!«, rief er Johnny zu.

»Wie gut«, freute er sich. »Heute klappt es bestimmt mit dem Visumsantrag!«

Aber da lag er gründlich falsch. Der Soldat nahm ihm seinen Ausweis weg, führte ihn in einen leeren Raum und befahl ihm, sich dort in die Ecke zu setzen. »Hier bleibst du sitzen!«, schrie er Johnny an. »Du warst heute ein böser Junge! Wehe, du bewegst dich von der Stelle!«

Johnny blieb nichts anderes übrig, als zu warten. Stundenlang. Als die Behörde am späten Nachmittag schließen wollte, gab ihm der Soldat seinen Ausweis zurück mit den Worten: »Das nächste Mal benimmst du dich anständig!«

An einem anderen Tag versuchten wir erneut unser Glück. Diesmal wurden wir beide hineingelassen. Während Johnny an einem der Schalter meinen Antrag abgab, saß ich auf einer Bank und schaute mich um. Zwei Soldaten führten einen alten Mann in arabischer Kleidung Richtung Ausgang. Ununterbrochen redete er auf die Soldaten ein, doch sie ignorierten, was er sagte. Ihre Stimmen wurden immer lauter. Die Soldaten befahlen dem Mann, nach Hause zu gehen. Als er nicht reagierte, schubsten sie ihn, dass er hinfiel.

Kurz danach schrie eine Soldatin eine ältere Frau an. Ich verstand nicht, was sie sagte, aber ich sah, wie sie sich hinterher zu ihrem Kollegen umdrehte und lachte, so nach dem Motto: »Habe ich das nicht gut gemacht?« Ich war entsetzt. Was für ein respektloses Verhalten! Ich spürte, wie Wut in mir aufstieg. Wie konnten sie es wagen, die Menschen so zu behandeln? Kein Wunder, dass die Palästinenser die Israelis hassten!

Doch ich wollte nicht so sein. Ich wollte sie nicht alle über einen Kamm scheren. Ich wollte unterscheiden zwischen dem Volk im Allgemeinen und Menschen in behördlichen Positionen. Aber wie sollte mir das gelingen? Die einzigen Israelis, die ich traf, waren Soldaten oder Sicherheitsbeamte. Wie schön war es da, zu entdecken, dass unsere Kinder die Welt mit anderen Augen sahen!

Einmal gingen wir mit unseren Kindern die Hauptstraße in Beit Jala entlang, als uns ein Militärwagen überholte. Die Ladefläche war mit einer Plane abgedeckt, die hinten offen war. Drinnen saßen sich mehrere Soldaten gegenüber und schauten nach draußen. Zu meinem Erstaunen winkte einer der Soldaten in unsere Richtung. Etwas verwirrt sah ich nach links und rechts und stellte fest, dass Melissa und Melody wie wild mit ihren Händen fuchtelten.

Ich spürte, wie Wut in mir aufstieg.

»Warum winkt ihr dem Soldaten?«, wollte ich von meinen Töchtern wissen.

»Das ist unser Freund! Der winkt uns immer, wenn er hier vorbeifährt!«, erklärte Melissa eifrig.

Da hatte ich meine Antwort. Auch ein »feindlicher« Soldat kann ein Freund sein. Ich bat Gott, mir zu helfen, die Menschen hinter der Uniform zu sehen.

»Früher hatte ich israelische Soldaten als Freunde«, erzählte Johnny mir später. »Sie kamen mich in unserem alten Haus besuchen. Einer von ihnen trug sogar seine Uniform und hatte seine Waffe dabei. Wenn wir zusammen in unserem Wohnzimmer saßen, legte er sein Gewehr auf den Tisch, und ich durfte es in die Hand nehmen. So sehr vertraute er mir! Ein anderer Freund war ein religiöser Jude. Er trug eine Kippa. Auch er besuchte mich häufiger und manchmal brachte er sogar seine Frau mit.«

»Hatten die Leute denn keine Angst, in eine arabische Stadt zu kommen?«, wollte ich von Johnny wissen.

»Nein, eigentlich nicht. Damals kamen viele Israelis nach Beit Jala zum Einkaufen. Sie gingen auf den Markt und kauften Schweinefleisch, weil es das in den israelischen Gebieten nicht gibt!«

Ich staunte nicht schlecht, als ich das hörte.

»Als die Erste Intifada begann, änderte sich das. Heute kommen kaum noch Israelis in unsere Stadt. Aber Shlomo, der Mann mit der Kippa, besucht mich immer noch.«

Im Jahr 1994 kauften wir ein Auto. Als Ausländerin bekam ich ein israelisches Kennzeichen. Das war sehr praktisch, denn so konnten wir überall hinfahren. Fahrzeuge mit arabischem Nummernschild durften sich nur in ihrem eigenen Territorium bewegen. In die israelischen Gebiete konnte man nur mit einem gelben Kennzeichen fahren. Wir genossen es, mit unserem Mitsubishi-Bus unterwegs zu sein. Gemeinsam mit Freunden erkundeten wir oft die nähere Umgebung.

Einmal fuhren wir in die judäische Wüste. Wir waren vier Erwachsene und sieben Kinder. Irgendwo in der unendlichen Weite führte uns der unbefestigte Weg zu einem Militärübungsplatz. Hier ging es nicht weiter. Für Zivilisten war dieser Teil der Wüste verboten.

Wir drehten um und wollten zurückfahren. Eine kleine Gruppe Soldaten stand an einer Art Checkpoint. Einer von ihnen gab uns ein Zeichen und wir hielten an. Johnny ließ die Fensterscheibe herunter und sprach mit dem Soldaten auf Hebräisch.

»Fahrt ihr zurück?«, wollte der Mann wissen. »Könnt ihr vielleicht meinen Freund hier ein Stückchen mitnehmen?«

Wir anderen verstanden kein Wort und waren mucksmäuschenstill, um uns nicht durch unsere Sprache zu verraten. Der Soldat öffnete die Schiebetür unseres Fahrzeugs und sein Freund stieg ein. Er setzte sich auf die hintere Bank zu den kleinen Kindern und stellte sein Maschinengewehr neben sich auf den Boden.

Wir fuhren weiter. Immer noch redete nur Johnny, weil er der Einzige war, der Hebräisch sprach.

»Woher kommt ihr?«, wollte der Soldat wissen.

»Aus Bethlehem«, antwortete Johnny und blickte in den Rückspiegel. Der Soldat sah ihn erschrocken an. Er hatte wohl gedacht, dass er zu Israelis in den Wagen gestiegen war.

»Wir sind Christen und Menschen des Friedens!«, versuchte Johnny, ihn zu beruhigen, und bemühte sich auch weiter um ein freundliches Gespräch.

Als wir den Soldat nach einigen Kilometern an der Einfahrt zu einer israelischen Siedlung absetzen wollten, gab er uns zu verstehen, dass es für ihn gerade etwas schwierig war, aufzustehen. Unser damals dreijähriger Sohn Shady, der neben ihm saß, war eingeschlafen und lag friedlich halb auf dem Arm, halb auf der Waffe des Soldaten. Vorsichtig nahm unser Fahrgast das Köpfchen unseres Kindes, lehnte es zur anderen Seite hinüber und stieg aus. Er bedankte sich freundlich und winkte uns zum Abschied nach. So nahe war uns noch nie zuvor ein israelischer Soldat gekommen.

So nahe war uns noch nie zuvor ein israelischer Soldat gekommen.

Aus der Nähe betrachtet, sieht vieles anders aus. In einer persönlichen Begegnung erkennt man nicht nur den Soldaten, der zur Besatzungsmacht gehört, man sieht einen normalen Menschen.

Wie schade, dass die politische Situation solche Zusammentreffen nur selten zulässt.

»Hinneh mah tov umah na'im shevet achim gam yachad …«, hörte ich unseren inzwischen achtjährigen Shady eines Morgens in seinem Kinderzimmer singen. Übersetzt heißt dieses hebräische Lied: »Wie schön ist es, wenn Brüder einträchtig beieinander sind …«

Ja, das wäre wirklich schön, dachte ich. Eigentlich sind sie doch Brüder. Doch ihre Streitigkeiten und ihr Hass halten schon so lange an, dass sie da ohne fremde Hilfe nicht herauskommen. Sie brauchen beide Jesus, die Araber und die Israelis!

Es gibt nichts Schöneres, als wenn aus Feinden Freunde werden! Versöhnung ist möglich! Selbst in diesen politisch schwierigen Zeiten haben wir erlebt: Palästinenser und Israelis können nicht nur Freunde, sondern sogar Geschwister werden! Weil Jesus ihnen vergeben hat, können sie auch einander verzeihen. Wir lernten messianische Juden, also an Jesus glaubende Israelis, kennen und wurden Freunde. Sie kamen uns in Beit Jala besuchen und wir gingen in ihre Gemeinde in Jerusalem. Ein paarmal nahmen wir einige junge Männer mit, die bei uns im Beit Al Liqa' zum Glauben gekommen waren. Für sie war es eine ganz neue Erfahrung, mit Israelis Gottesdienst zu feiern und gemeinsam Jesus anzubeten. Hier hatten unsere Kinder das hebräische Lied gelernt, das Shady so gefiel.

Wir freundeten uns auch mit einem israelischen Pastorenehepaar aus Be'er Scheva an. Fast jedes Jahr zur Weihnachtszeit kamen sie uns mit etlichen ihrer Gemeindemitglieder besuchen und wir besuchten sie ebenfalls. Einmal verbrachten wir mit unserem Jugendkreis ein ganzes Wochenende bei ihnen. Für unsere jungen Leute war es sehr beeindruckend, zu sehen, wie freundlich sie in der Gemeinde aufgenommen und bewirtet wurden.

Eine Zeit lang machten unsere Kinder und ein paar Teenager vom Beit Al Liqa' bei den King's Kids mit. Das ist eine Gruppe, die zu christlichen Liedern Ausdruckstänze einübt, um sie bei Veranstaltungen vorzuführen. Melissa und Melody nahmen an einer Freizeit der King's Kids in Nordisrael teil und waren bei mehreren Auftritten dabei.

Die Gruppe in Jerusalem bestand zum größten Teil aus israelischen Jugendlichen. Weil sie aber gerne ein Zeichen der Versöhnung setzen wollten, luden sie unsere palästinensischen Jugendlichen ein, mitzumachen. So fuhren wir etliche Male mit einer kleinen Gruppe zu den Übungsstunden über die Grenze. Das war nicht leicht, denn dafür brauchte man eine Erlaubnis von der israelischen Militärbehörde, die wir nicht immer bekamen. Ein- oder zweimal waren auch einige israelische King's Kids bei uns. Ebenfalls illegal. Denn nach Ausrufung der palästinensischen Autonomie war es Israelis nicht mehr erlaubt, unsere Gebiete zu betreten. Sich zu treffen war also äußerst kompliziert. Und weil das nur so selten möglich war, konnten leider keine richtigen Beziehungen wachsen.

Sprachlich waren solche Begegnungen ebenfalls schwierig. Die israelischen Jugendlichen sprachen kein Arabisch und unsere jungen Leute kein Hebräisch. In Englisch miteinander zu kommunizieren, gelang nicht immer. Oft war die Hemmschwelle für die Jugendlichen dafür zu groß. Sie lebten zwar im selben Land, kamen aber aus unterschiedlichen Welten. Es gab sichtbare

Solche Grenzen zu überwinden, braucht Zeit, Geduld und eine Extraportion Liebe.

Grenzen zwischen ihnen wie Mauern und Zäune, aber auch unsichtbare wie Sprache, Kultur und Lebensstil. Solche Grenzen zu überwinden, braucht Zeit, Geduld und eine Extraportion Liebe. Liebe, die nur Gott in die Herzen von Menschen geben kann.

Und er tut es immer wieder. Gott verändert Menschen. Das haben wir schon oft erlebt. Manchmal sind es kleine Gesten, die Denkanstöße zur Veränderung geben. In der Zweiten Intifada bekam Johnny einmal einige Präsentkörbe von einer messianischen Gemeinde in Jerusalem, die er in Beit Jala an bedürftige Familien verteilen sollte.

»Was? Die schicken uns Geschenke? Die haben doch gestern noch auf uns geschossen!«, wunderten die Menschen sich, als er erzählte, woher die Körbe voller Lebensmittel kamen. Die Menschen in Beit Jala wussten nicht, dass es Juden gibt, die an Jesus Christus glauben. Doch die Geschenke zeigten ihnen, dass nicht alle Israelis ihre Feinde sind. Vielleicht war das für einige ein Anlass zum Umdenken.

Auch auf der anderen Seite der Mauer half Gott Menschen, ihre Einstellung Palästinensern gegenüber zu ändern. Einmal war Johnny bei einer Gebetsversammlung in einer messianischen Gemeinde in Jerusalem. Nach der Veranstaltung nahm er einige Israelis mit dem Auto mit und setzte sie vor ihren Haustüren in Gilo ab. Unterwegs sagte einer der Männer: »Seit Wochen hassen wir die Leute gegenüber von uns in Beit Jala. Für mich wart ihr unsere Feinde. Doch jetzt habe ich dich kennengelernt und festgestellt, dass du mein Bruder im Glauben bist. Ich möchte dir sagen, dass es mir sehr leidtut, was bei euch geschieht.«

14 EIN SCHRECKLICHES ERWACHEN

Immer noch saßen wir auf der dünnen Matratze in dem kalten arabischen Raum. Melissa und Melody hatten sich an mich gelehnt und waren eingeschlafen. Auch aus der Ecke von Nadim und Shady hörte ich keinen Ton. Obwohl ich todmüde war, bekam ich kein Auge zu. Ab und an nickte ich kurz ein, bis die nächste Rakete mich wieder aufschreckte. Die letzten Wochen waren schrecklich gewesen. Ich erinnerte mich noch gut an den Tag, an dem alles begonnen hatte.

Ich saß mit einer Tasse Kaffee auf dem Balkon und freute mich an der warmen Luft dieses Herbsttages. Die Dämmerung brach herein und der Muezzin neben unserem Haus begann seinen Gebetsruf. Die Kinder hatten ihre Hausaufgaben erledigt. Sie räumten ihre Bücher, Hefte und Stifte zurück in ihre Schultaschen. Jetzt hatten sie endlich Zeit zum Spielen. Ich wusste, dass sie vor dem Abendbrot noch einmal richtig aufdrehen und durch die Wohnung toben würden. Ihre »wilden fünf Minuten« nannte ich das immer. Bei lauter Musik rannten sie um den großen Esstisch herum, während unsere Katze Krümel die Abkürzung über oder unter dem Tisch hindurch nahm. Doch bevor es so weit war, genoss ich noch ein paar Augenblicke hier draußen und schaute in Richtung Bethlehem.

Plötzlich wurde meine Ruhe von einem lauten Geräusch unterbrochen. Maschinengewehrsalven zerrissen die Stille. Reflexartig sprang ich auf und lehnte mich über das Geländer. Die Kinder kamen aus ihren Zimmern und stellten sich neben mich. »Hast du das gehört, Mama?«, fragten sich mich aufgeregt. »Waren das Schüsse?«

Und wieder ratterten die Gewehre nicht weit von unserem Haus entfernt. Gleich darauf hörte man größere Waffen zurückschießen. Sie kamen von der anderen Seite des Tals, das zwischen Beit Jala und Gilo, einem Stadtteil von Jerusalem, liegt.

»Was ist los?«, fragte ich Johnny, der eben zur Tür hereinkam. »Wer schießt denn da?«

»Das sind Aufständische. Sie schießen auf die israelischen Kontrollstationen, um gegen die gescheiterten Friedensverhandlungen zu protestieren. Das ist erst der Anfang. Es wird noch schlimmer werden!«

Maschinengewehr-salven zerrissen die Stille.

Johnnys Worte machten mir Angst, denn ich ahnte, dass er recht hatte. Überall sprachen die Leute von einer Zweiten Intifada.

Diese Intifada, so sagten sie, wird viel heftiger als die erste. Damals hatten die Palästinenser mit Steinen gekämpft, doch jetzt waren sie bewaffnet.

Bei Einbruch der Dämmerung kamen die selbst ernannten Freiheitskämpfer in unsere Stadt. Sie verschanzten sich zwischen den Häusern im Randgebiet und schossen von hier aus auf die nur zwei Kilometer entfernte Stellung des israelischen Militärs in Gilo.

Sie kamen bewusst in eine Stadt mit überwiegend christlicher Bevölkerung, denn sie wollten die Christen in den Konflikt hineinziehen – ein Konflikt, der längst schon nicht mehr nur politisch, sondern auch religiös motiviert war. Wenn die bewaffneten Kämpfer spätabends ihren »Einsatz« beendet hatten, fuhren sie zurück in ihre Dörfer und schliefen dort in Ruhe. Aber die Menschen, die am Stadtrand von Beit Jala wohnten, bekamen kein Auge zu. Die Gegenreaktionen der israelischen Soldaten wurden immer heftiger.

Zuerst fand Johnny es noch spannend, auf unserem Flachdach zu sitzen und die Schießereien zu beobachten. Doch eines Abends kam er blass vor Schreck die Treppe herunter und meinte: »Da hat gerade eine Kugel das Minarett getroffen!«

Es sollte nicht bei einer Kugel bleiben. Die Kampfhandlungen kamen immer näher.

Inzwischen war es in den palästinensischen Gebieten so gefährlich geworden, dass alle Ausländer aufgefordert wurden, das Land zu verlassen. Auch unsere Missionsleitung kontaktierte uns und fragte, wie wir die Lage einschätzten. Sie überließen uns die Entscheidung, ob wir bleiben oder nach Deutschland zurückkehren wollten. Da brauchten wir nicht lange zu überlegen. Für Johnny als Palästinenser waren die Grenzen geschlossen. Er konnte nicht ausreisen. Und wir wären niemals ohne ihn gegangen.

Außerdem waren wir davon überzeugt, dass Gott für uns in dieser schweren Zeit einen besonderen Auftrag hat: Wir wollten den Menschen in ihrer Not beistehen und ihnen helfen, sich in ihrer Angst zu Gott zu flüchten. »Alle meine Freunde sind hier!«, sagte unsere zwölfjährige Tochter Melissa. »Ich kann sie doch nicht im Stich lassen!« Wir Eltern dachten genauso.

Doch während ich nun mit der ganzen Großfamilie in einem Raum saß, grübelte ich darüber nach, ob unsere Entscheidung richtig gewesen war. Ich schwankte zwischen Sorge und Vertrauen. Alles drehte sich in meinem Kopf. Plötzlich riss mich eine sanfte Hand auf meiner Schulter aus meinen Gedanken. »Es ist ruhiger geworden, Marlene! Wir können wieder in unsere Wohnung gehen.« Es war Johnny. Er war zurückgekehrt.

Erleichtert ergriff ich seine Hand und ließ mir von ihm hochhelfen. »Kommt, Kinder. Wir gehen nach Hause. Da könnt ihr besser schlafen!« Die vier standen schlaftrunken auf und folgten uns. Gemeinsam gingen wir nach oben und legten uns auf das Matratzenlager im Wohnzimmer, das wir am Abend zuvor aufgebaut hatten, weil auf der Seite, wo unsere Schlafzimmer lagen, besonders viel geschossen wurde. In nur wenigen Minuten waren wir fest eingeschlafen.

Am nächsten Tag war keine Schule. Als wir aufwachten, hatte Johnny die Wohnung bereits verlassen. Wir rekelten uns auf den Matratzen und hatten keine Lust aufzustehen. Plötzlich klingelte es an der Tür. Es war unsere Mitarbeiterin Shireen.

»Habt ihr gehört, was passiert ist?«, fragte sie. »Ein deutscher Arzt ist letzte Nacht ums Leben gekommen!«

»Oh nein!«, rief Melody und fing an zu schluchzen. »Das ist doch hoffentlich nicht der Vater meiner Freundin Asanja?«

»Doch, leider.« Shireen sah sie bedrückt an und fuhr fort: »Er wollte seinen Nachbarn helfen und da hat ihn eine israelische Rakete getroffen. Johnny ist gerade zu der Familie gefahren, um ihnen beizustehen.«

Schockiert rückten wir auf unserem Matratzenlager näher aneinander und begannen zu weinen. Was für eine Schreckensmeldung! Die arme Familie! Die ältesten Kinder kannten wir gut von unserem Teenagerkreis und auch mit der Mutter hatten wir schon manchmal gesprochen.

In den darauffolgenden Wochen unterstützte Johnny die Familie, wo er nur konnte, und Melody verbrachte viel Zeit mit ihrer Freundin Asanja.

Bei uns allen saß der Schock dieser Schreckensnacht tief. Wir brauchten lange, um uns davon zu erholen.

»In fünf Minuten ist das Essen fertig!«, rief ich in Richtung Wohnzimmer. »Dann macht ihr den Fernseher bitte aus!« Schon wieder fiel die Schule aus und den Kindern war furchtbar langweilig.

Sie wollten unbedingt das neue Kindervideo sehen, das sie aus Deutschland geschenkt bekommen hatten. Ausnahmsweise hatte ich ihnen erlaubt, schon vormittags fernzusehen, weil sie sonst nichts zu tun hatten. Nur kurze Zeit später war Johnny nach Hause gekommen und hatte sich zu ihnen gesellt. Als er hörte, wie ich den Tisch deckte, rief er mir aus dem Wohnzimmer zu: »Der Film ist gleich zu Ende. Dann kommen wir!«

Ich ging zurück zum Herd und rührte noch mal in meiner Bolognese. Melissa flitzte durch die Küche und verschwand im Badezimmer. Plötzlich ertönte ein lauter Knall direkt vor unserem Haus. »Schüsse!«, rief ich erschrocken und duckte mich instinktiv zur Seite. Johnny sprang vom Sofa auf, um nachzusehen, was los war. Doch bevor er das Esszimmer erreicht hatte, um aus dem Fenster zu schauen, knallte es erneut. Jemand schoss direkt auf unser Haus!

Die Blumentöpfe, die über uns auf der Dachmauer standen, krachten draußen vor unserem Haus auf den Boden. Es regnete Blumenerde und Scherben. Die Schüsse nahmen kein Ende. »Komm nicht in diese Richtung. Das ist zu gefährlich!«, rief Johnny mir zu. »Versteck dich mit Melissa hinter der Wand dort im Flur! Da seid ihr in Sicherheit. Ich geh mit den Kindern schon mal nach unten!«

Dann kroch er mit Melody, Nadim und Shady auf allen vieren Richtung Treppenhaus und lief nach unten zu seiner Mutter.

Da saßen Melissa und ich nun zitternd auf dem Boden hinter der Wand zur Küche. Immer wieder schoss der Schütze auf unsere Blumentöpfe und die Scherben flogen durch das offene Fenster in die Wohnung. Vorsichtig schaute ich in Richtung Küche. Plötzlich entdeckte ich, dass ich den Gasherd angelassen hatte. Ich musste ihn unbedingt ausschalten.

»Schüsse!«, rief ich erschrocken und duckte mich instinktiv zur Seite.

»Nein, Mama! Das machst du nicht!«, rief Melissa, als ihre Augen meinem Blick folgten. Sie packte meinen Arm und wollte nicht mehr loslassen.

»Keine Angst! Ich schaff das. Es ist nicht gefährlich!«, beruhigte ich sie. Schnell krabbelte ich zum Herd, schaltete das Gas aus und verschwand wieder hinter der sicheren Wand. Wie gelähmt saßen wir da, hielten uns an den Händen und beteten.

Direkt hinter unserem Haus hatte das israelische Militär ein hohes Gebäude besetzt. Von dort aus kontrollierten sie unser Viertel. Wochenlang ließen wir die Rollläden unserer Schlafzimmerfenster, die in diese Richtung zeigten, geschlossen. Wir befürchteten, dass die Soldaten auf dem Nachbardach Bewegungen hinter unseren Fenstern verdächtig finden und schießen könnten.

Manchmal kam es vor, dass von der Straße vor unserem Haus auf das besetzte Dach geschossen wurde, wie heute. Dann gerieten wir zwischen die Fronten und waren in unserer Wohnung nicht mehr sicher.

Über eine Stunde saßen wir in unserer Ecke auf dem Boden und warteten, bis der Schütze vor unserem Haus wieder verschwand. Zum Glück schossen die Soldaten vom Nachbardach an diesem Vormittag nicht zurück.

Als es ruhig wurde, krochen wir aus unserem Versteck, kochten unser Mittagessen zu Ende und ließen es uns schmecken. Wir lernten, uns in jeder Feuerpause so schnell wie möglich unserem Alltag zuzuwenden. Man wusste ja nie, wann die Kämpfe erneut beginnen würden.

15 ATEMPAUSEN IM KRIEG

Endlich waren wir wieder zusammen! Voller Freude lagen wir uns auf dem Frankfurter Flughafen in den Armen. Acht lange Wochen hatten wir uns nicht gesehen! Schon seit Anfang April war Johnny in Deutschland gewesen. Er hatte im April 2001 von der israelischen Militärverwaltung die Erlaubnis erhalten, über den Flughafen Ben Gurion auszureisen. Während unsere Kinder noch Schule hatten, besuchte er Kirchen und Gemeinden im ganzen Land, um von unserer Arbeit zu berichten. Nun war das Schuljahr endlich vorbei und ich konnte mit den Kindern nachkommen.

Die Zeit ohne Johnny in Beit Jala war schwer gewesen. Die Kämpfe gingen weiter. Die Schule fiel oft wegen Ausgangssperre aus. Wir waren fast nur in der Wohnung und die Tage schienen ewig zu dauern. Ich beschäftigte mich viel mit den Kindern und versuchte, ihnen das Leben zu Hause so schön wie möglich zu machen. Wir spielten zusammen, lasen Bücher, schauten Videos und hörten Kassetten, bastelten, tobten und machten uns leckeres Essen. Aber das alles war nicht genug. Irgendwann fingen die Kinder an, sich furchtbar zu langweilen.

»Diese blöden Schießereien!«

»Nie dürfen wir nach draußen! Noch nicht mal zum Gottesdienst können wir fahren!«

»Es ist so langweilig!«

»Ich will Papa haben!«

Von allen Seiten redeten die Kinder auf mich ein. Ihre Unzufriedenheit und Enttäuschung breiteten sich in der ganzen Wohnung aus und mir fiel nichts mehr ein, womit ich sie hätte aufmuntern können.

Aber jetzt waren wir für drei Monate in Deutschland. Jetzt wollten wir alles nachholen, worauf wir die ganze Zeit hatten verzichten müssen. Wenn wir nicht gerade dienstlich unterwegs waren, machten wir Ausflüge, besuchten meine Familie oder trafen Freunde. Wir lebten aus dem Koffer und waren nirgendwo zu Hause.

Unzufriedenheit und Enttäuschung breiteten sich in der ganzen Wohnung aus.

»Was ist denn los?« Besorgt sah ich in die Augen meiner Kinder, als ich ihnen Gute Nacht sagen wollte. »Habt ihr euch gestritten?«, fragte ich weiter. »Hattet ihr keinen schönen Tag?«

»Doch«, kam eine leise Antwort.

»Ist es nicht schön, dass wir drei Tage hier sein können?«, hakte ich nach. »Daniel, Tabea und Becky sind doch eure besten Freunde!«

»Aber wir wollen nach Hause!«, platzten nun alle vier heraus.

»Zu Hause ist es viel schöner!«, jammerte Nadim.

»Wir wollen nach Beit Jala, Mama!«, beschwerte sich Melody noch mal.

»Ich vermisse meine Freundin Luna!«, klagte Melissa.

»Aber in Beit Jala ist Krieg!«, erinnerte ich die Kinder. »Ihr wisst doch, wie das ist. Da können wir nichts unternehmen und müssen ständig zu Hause bleiben. Schaut mal, was wir hier alles machen können! Außerdem habt ihr hier doch auch Freunde!«

Aber die Kinder ließen sich nicht beruhigen und jammerten: »Es ist uns egal, ob da Krieg ist! Wir wollen einfach nur nach Hause!«

Die Wochen vergingen und wir erlebten noch viel Schönes in Deutschland. Doch immer wieder flossen auch Tränen bei den Kindern. Sie vermissten ihre Heimat in Beit Jala wirklich sehr. Endlich nahte der Tag der Rückreise.

Meine rollende Leinwand 1979

Hochzeit in der Kirche in Beverstedt

Mein erster
Besuch in Beit Jala
1988 auf dem
Dach unseres
Hauses mit
Johnnys Schwester
und Familie.
Im Hintergrund
die Moschee.

Kurz vor der
Ausreise 1992
auf dem
Buchenauerhof

Volles Haus
bei meiner
Schwieger-
mutter

Shady mit
seinem Opa

Vor dem
Familienhaus
in Beit Jala
1993

Unser zweites Weihnachtsfest in Beit Jala

Ein Grundstück für das Beit Al Liqa'

Volle Kinderstunde im alten Beit Al Liqa'

Ein Herz
mit Händen
und Füßen

Endlich
mehr Platz
zum Spielen

Unser Familienhaus neben der Moschee 2002

Kindersommercamp — geistliches Programm

Melody singt beim Paulus-Musical

Melissa erzählt die Dschungel-geschichte

Panzer
vor unserem
Haus

Demonstration in unserer Straße

Geschichten-
zeit in
unserer alten
Wohnung
während der
Zweiten
Intifada

be ready — Jesus is coming

Unser Mitsubishi-Bus mit eingeschlagener Heckscheibe

Nadim
mit Krümel

Der Bau des neuen Zentrums hat begonnen

Muslimische
Missionare vor
der Moschee
neben unserem
Haus

Beit Al Liqa' 2002

In Aktion beim
Sommercamp

Akazie in der Wüste

Blick auf die Altstadt von Jerusalem

Marlene spricht auf einer Frauenkonferenz

Nach meinem zweiten Sturz 2021

FriedensArche

Geschenke-
verteilung

Johnny
und Marlene
Shahwan 2022

Beit Al Liqa' heute

Familie Shahwan Sommer 2022
v. l. n. r.: Melissa und Andreas mit Tochter Lucinda
und Sohn Nathanael, Marlene, Shady, Nadim hält Neffe Levi
im Arm, Johnny, Liam, Luca, Simon und Melody (Baby Leon
ist noch nicht geboren)

»Da ist ja unser Haus!«, riefen wir wie aus einem Mund. Mit ein paar Mitarbeitern und Kollegen saßen wir kurz vor unserer Ausreise im Fernsehzimmer auf dem Buchenauerhof, der Geschäftsstelle unserer Missionsgesellschaft DMG, und schauten uns die Nachrichten an. Gerade wurde über die Lage in Israel berichtet. Plötzlich sahen wir unser Haus auf dem Bildschirm und davor einen israelischen Panzer! Die Nachrichtensprecherin sagte etwas von Hausbesetzung, aber was wirklich geschehen war, verstanden wir nicht.

Sofort versuchte Johnny, seine Familie telefonisch zu erreichen, doch es nahm niemand ab. Er telefonierte in der Nachbarschaft herum, bis ihm endlich jemand antwortete. »Euer Haus ist besetzt worden und dein Auto brennt!«, hörte er durch den Apparat. Dann brach die Verbindung ab.

»Wollt ihr morgen wirklich zurückfliegen?«, fragte uns unser Personalleiter und schaute uns sorgenvoll an.

»Ja, Hartmut. Wir fliegen auf jeden Fall! Unser Platz ist in Beit Jala. Egal, was geschieht!«

Mit gemischten Gefühlen saßen wir am nächsten Tag im Flugzeug nach Tel Aviv. Nach all diesen Wochen ohne festen Wohnsitz freuten wir uns auf unser Zuhause in Beit Jala. Aber wir machten uns auch Sorgen. »Wie wird es wohl in unserer Wohnung aussehen?«, fragten wir uns. Noch vor unserem Rückflug hatte Johnny herausgefunden, was in unserem Haus passiert war.

»Unser Platz ist in Beit Jala. Egal, was geschieht!«

In der Nacht vom 27. August 2001 rückte das israelische Militär erneut nach Beit Jala ein. Mehrere Panzer waren vor unserem Gebäude in Stellung gebracht worden. Die Soldaten drangen in unser Haus ein und riefen die Bewohner zusammen. Sie sperrten alle in einen zwölf Quadratmeter großen Raum, insgesamt einundzwanzig Personen. Es war eine fürchterliche Situation. Die kleinen Kinder weinten, für die Babys gab es keine Ersatzwindeln. Alle hatten furchtbare Angst. Niemand wusste, was geschehen würde. Ohne Essen und ohne Verbindung zur Außenwelt verbrachten sie dort vierundzwanzig Stunden. Dann wurden sie freigelassen.

Währenddessen brachen einige Soldaten unsere Wohnung auf und machten es sich dort bequem. Auf unserer Dachterrasse bauten sie ein Schnellfeuergewehr auf und kontrollierten von dort die ganze Umgebung. Die gesamten Kämpfe konzentrierten sich auf unser Viertel. Stundenlang wurde geschossen. Es gab kaum Feuerpausen. Ein palästinensischer Kämpfer wurde von unserem Schlafzimmer aus erschossen. Nach zwei Tagen zog das Militär wieder ab. Danach feierte die ganze Bevölkerung auf der Straße, als hätten sie einen Krieg gewonnen. Wie froh waren wir, als wir unsere Familie drei Tage später unversehrt in Beit Jala wiedertrafen.

»Wie sieht es denn hier aus?« Entsetzt schlug ich meine Hand gegen die Stirn, als wir unsere Koffer in die Wohnung trugen. Spuren der Verwüstung begrüßten mich. Alle Fensterscheiben der Straßenseite waren zerschossen. Die Fensterrahmen hatten Schäden von Raketeneinschlägen. In einigen steckten noch Kugeln. Der Fußboden war übersät mit Scherben. Die Duschvorhänge waren abgerissen und vor die Fenster genagelt worden. Die Schränke standen offen und unsere Kleidung lag auf dem Boden. Auf unseren Sofas fanden wir leere Thunfischdosen und Essensreste. Die Wand über unserem Ehebett war von Kugeln durchlöchert.

Die Wand über unserem Ehebett war von Kugeln durchlöchert.

»Mama, Mama! Da ist Krümelchen!« Voller Freude kamen unsere Kinder aus ihren Zimmern gerannt. »Krümel! Unser Krümelchen! Wie schön, dass du lebst!«

Was hatten wir uns für Sorgen um unsere Katze gemacht! Wir wussten, dass Johnnys Tante sich während unserer Abwesenheit gut um das Tier kümmerte, doch nachdem die Soldaten abgezogen waren, hatte sie die Katze nicht mehr gefunden.

»Da bist du ja, Krümel. Wo hast du dich nur versteckt?« Die Kinder konnten sich vor Freude kaum halten. Sie waren so froh, endlich wieder zu Hause zu sein! Und uns ging es ebenso.

Zum Glück hatte auch unser Mitsubishi-Bus die Tage der Besatzung überlebt. Die Information, die wir am Telefon über unser Auto bekommen hatten, war falsch gewesen. Es war das Auto eines Nachbarn gewesen, das vor unserem Haus in Flammen gestanden hatte.

Wir packten unsere Koffer aus, behoben die Schäden in unserer Wohnung und begannen, uns langsam wieder an unseren Alltag in Beit Jala zu gewöhnen.

»Das war knapp!« Panisch rannte ich zu meinem Auto hinüber, riss die Fahrertür auf und setzte mich hinter das Steuer. Bevor ich den Motor startete, rieb ich mir das Ohr, als wollte ich den pfeifenden Ton aus ihm entfernen. Eine Kugel war dicht an meinem Kopf vorbeigeflogen. Wo war die nur so plötzlich hergekommen? Ich hatte keine Ahnung, aber ich wusste, dass ich hier schnell wegmusste.

Ich war auf dem neuen Grundstück des Beit Al Liqa'. Plötzlich hatte in der Nähe jemand begonnen, zu schießen. Wahrscheinlich hatten sich die Kämpfer in dem leer stehenden Haus hinter unserem Gelände verschanzt. Sie schossen über das offene Tal in Richtung Bethlehem und nur wenige Sekunden später erwiderten israelische Soldaten ihre Schüsse vom Dach eines hohen Gebäudes. Für einige Minuten hatte ich mich in dem alten Gebäude auf dem Grundstück versteckt. Aber dann hatte ich mich entschieden, schnell nach Hause zu fahren, bevor die Schießereien weiter zunahmen.

Nun saß ich im Auto. Doch wie sollte ich jetzt durch dieses offene Tal kommen? Es gab hier keinen Schutz. Wenn die Kugeln flogen, war ich genau in ihrem Schussfeld. Ich wischte die Bedenken beiseite, nahm meinen ganzen Mut zusammen und trat auf das Gaspedal. Wie ein Blitz jagte ich durch das Tal und raste auf der anderen Seite den Berg hinauf. Geschafft. Hier, im Schutz der alten Häuser, fühlte ich mich schon viel sicherer. Auf der Hauptstraße hörte ich die Feuerwehr mit Blaulicht vorbeifahren. »Wo brennt es denn?«, riefen die Autofahrer sich gegenseitig zu.

Die Straßen waren vollkommen verstopft. Überall hupten Autos. Jeder hatte es eilig, nach Hause zu kommen. Aber es ging kaum voran. Aus verschiedenen Richtungen hörte ich das Rattern von Maschinengewehren. Dazwischen ertönten die dumpfen Einschläge von Raketen. Mühsam kämpfte ich mich durch die Straßen, bis ich endlich unsere Wohnung erreichte. An der Haustür nahm mich Johnny in den Arm. »Gott sei Dank, dass du wieder da bist! Ich habe mir solche Sorgen gemacht!« Erleichtert lehnte ich mich an ihn, aber der Schreck steckte mir noch lange in den Knochen.

Nur kurze Zeit später geriet ich erneut in Gefahr. Es war ein ruhiger Nachmittag. Nach langer Zeit hatten wir wieder eine Kinderstunde und es war richtig voll in unserem kleinen Zentrum. Plötzlich begannen die Schießereien. Eltern kamen, um ihre Kinder abzuholen. Sie berichteten, dass sie eine Gruppe vermummter Männer gesehen hätten, die in Richtung Stadtrand fuhren. Wir beendeten unser Programm vorzeitig und versuchten, die aufgeregten Kinder zu beruhigen. Als die meisten Kinder abgeholt worden waren, warteten drei Brüder immer noch auf ihre Eltern. Doch sie kamen nicht.

»Ich kann sie nach Hause bringen!«, schlug ich Johnny vor. »Sie wohnen doch gleich hier um die Ecke!«

Mein Mann war mit meinem Vorschlag einverstanden. Er selbst hatte sein Auto schon voll, denn er wollte einige Kinder und Mitarbeiter heimfahren, die einen längeren Nachhauseweg hatten. Schnell verriegelte er die schweren Metalltüren des Beit Al Liqa' und fuhr los. Auch ich machte mich mit den drei Kindern auf den Weg die Stadt hinauf. Die beiden Jüngeren nahm ich an die Hand, während der Älteste uns vorausging.

Kurz bevor wir in ihre Straße abbiegen wollten, ratterten in unserer Nähe Maschinengewehre. Vom Orthodox-Klub aus, der direkt hinter uns lag, wurde über das offene Tal hinweg in Richtung Gilo geschossen. *Wenn die Gegenseite jetzt zurückschießt, fliegen uns die Kugeln um die Ohren,* dachte ich und schrie: »Lauft!« Wir fingen an, zu rennen. Tausend Gedanken gingen mir durch den Kopf: *Was, wenn ein Kind angeschossen wird? Oder eine Rakete in unsere Richtung fliegt? Vielleicht werden wir jetzt alle sterben.*

»Oh Gott! Bewahre uns!«, schrie ich mit jedem Schritt. Wir rannten und rannten. Die kurze Strecke bis zu der Wohnung der Kinder kam mir unendlich vor. Atemlos kamen wir an der Haustür an. Die Eltern waren schon verrückt vor Angst. Wie dankbar waren sie, dass ich ihnen ihre Jungs wohlbehalten nach Hause brachte. Doch ich selber konnte jetzt nicht nach Hause, es war zu gefährlich. Eine halbe Stunde später kam Johnny mit dem Auto und holte mich ab.

> »Wenn die Gegenseite jetzt zurückschießt, fliegen uns gleich die Kugeln um die Ohren.«

Die Israelis schossen an diesem Nachmittag nicht zurück. Ihre Gegenreaktion kam erst einige Stunden später. Wieder einmal waren wir mit dem Schrecken davongekommen.

Der saß mir an diesem Abend noch lange in den Gliedern und ich las Psalm 91, um Ruhe zu finden: »Du brauchst keine Angst zu haben vor den Gefahren der Nacht oder den heimtückischen

Angriffen bei Tag. ... Wenn tausend neben dir tot umfallen, ja, wenn zehntausend um dich herum sterben – dich selbst trifft es nicht!« (Vers 5.7; HFA).

Gott selbst tröstete mich durch sein Wort. Er hatte mich wirklich unglaublich bewahrt. Für mich war das keine Selbstverständlichkeit, denn in dieser Zeit wurden einige Menschen in unserer Umgebung von umherfliegenden Kugeln getötet.

16 BE READY – JESUS IS COMING

Unser Mitsubishi-Bus machte in der Zeit der Zweiten Intifada einiges mit. Wir waren ständig mit ihm unterwegs und kamen oft in die unmöglichsten Situationen. Doch ein kleines gelbes Schild in der Windschutzscheibe zog häufig alle Aufmerksamkeit auf sich und half uns dadurch, heil aus brenzligen Lagen herauszukommen. »Be ready – Jesus is coming« (»Sei bereit – Jesus kommt wieder«), stand da in schwarzen Buchstaben.

Im Schritttempo fuhren wir auf den Kontrollpunkt in Bethlehem zu. Eigentlich durften wir in der Zeit der Intifada nicht in die israelischen Gebiete fahren. Aber weil unsere Kinder freitags Klavierunterricht an einer Musikschule in Jerusalem hatten, versuchten wir es trotzdem. Johnny ließ die Fensterscheibe herunter und begrüßte den Soldaten, der wie gebannt auf unser Schild schaute.

> »be ready – Jews are coming.«

»Be ready – *Jews* are coming«, versuchte er, die Aufschrift zu entziffern.

»Da steht nicht *Jews*, sondern *Jesus*«, korrigierte Johnny ihn.

»Nein Juden!«, wiederholte der Soldat und ließ uns freundlich winkend durchfahren, ohne uns zu kontrollieren. Er freute sich über die Juden, die da kommen sollten. Mit Jesus konnte er offensichtlich nichts anfangen.

»Es gibt kein Benzin mehr in Bethlehem!« Genervt war Johnny den ganzen Vormittag von einer Tankstelle zur anderen gefahren. »Was hältst du davon, wenn du zum Tanken nach Jerusalem fährst?«, fragte er, denn ich war die Einzige, die unser Auto mit dem israelischen Kennzeichen über die Grenze fahren durfte. »Dann könntest du auch gleich unser Postfach leeren.«

Wir hatten schon länger nicht mehr bei der Post vorbeigeschaut und die Ausgangssperre war für vier Stunden aufgehoben. Das war die Gelegenheit. Als ich Richtung Checkpoint fuhr, entdeckte ich, dass ich nicht die Einzige war, die auf den Gedanken gekommen war, nach Jerusalem zu fahren. Die Autoschlange vor der befestigten Grenzanlage in Bethlehem war endlos. Nach einer Stunde Wartezeit kam ich endlich an die Reihe. Vorsichtig fuhr ich an das Kontrollhäuschen heran.

Auch dieses Mal versuchte ein Soldat, das Schild in der Windschutzscheibe zu lesen: »Be ready – Jesus …«, begann er und schaute mich dann fragend an.

»Jesus is coming!«, vervollständigte ich den Satz.

»Ich denke, der Messias kommt vorher!«, entgegnete der Soldat.

»Das ist ein und dieselbe Person! Jesus ist der Messias!«, versuchte ich ihm zu erklären. Ungläubig schüttelte der Soldat den Kopf und ließ mich weiterfahren. Ich tankte, leerte unser Postfach und machte mich eilig auf den Rückweg.

Die Schlange am Checkpoint war wieder ziemlich lang und es ging nur langsam voran. Als vor mir nur noch zwei Lkw waren, deutete der Soldat am Kontrollhäuschen auf seine Armbanduhr und gab durch eine Handbewegung zu verstehen, dass der Checkpoint geschlossen sei. Die beiden Lkw-Fahrer stiegen aus ihren Fahrzeugen, gingen mit ihren Papieren in der Hand auf den Soldaten zu und versuchten, mit ihm zu verhandeln. *Was die können, kann ich auch,* dachte ich und folgte ihrem Beispiel.

»Bitte«, bat ich den Soldaten, »ich wohne in Beit Jala!«

»Die Ausgangssperre hat aber schon wieder angefangen«, antwortete er. Dann hielt er einen Augenblick inne, schaute mich lächelnd an und meinte: »Doch weil ich mich an Sie und an unser kleines Gespräch von vorhin erinnere, lasse ich Sie ausnahmsweise noch durchfahren!«

»Danke, Jesus!«, jubelte ich. »Du hast mir den Weg freigemacht!«

An einem anderen Tag umklammerte ich ängstlich das Lenkrad unseres Mitsubishi-Busses und setzte ihn in Bewegung. Endlich durfte ich weiterfahren. Fast zwei Stunden hatte man mich am Checkpoint warten lassen. Aufgeregt hatte ich am Straßenrand in der prallen Sonne gestanden, während Soldaten und Polizisten mich abwechselnd befragten. Immer wieder kamen sie zu zweit oder zu dritt an mein Fahrzeug, um mit mir zu sprechen, stets mit ihren Waffen im Anschlag, provozierend und arrogant. In schlechtem Englisch versuchten sie, zu verstehen, weshalb ich unbedingt in die palästinensischen Gebiete fahren wollte.

»Ich wohne dort!«, erklärte ich. Doch sie schienen nicht zu begreifen, was ich als Ausländerin dort zu suchen hatte.

»Es ist Ausgangssperre. Sie kommen hier nicht rein!«, erklärten sie zum wiederholten Mal.

Am frühen Vormittag hatte ich mich auf den Weg gemacht. Die Ausgangssperre sollte für vier Stunden aufgehoben werden. Das war für mich die Gelegenheit, über den Checkpoint nach Jerusalem zu fahren. Seit Wochen wartete ich schon darauf, vieles hatte sich angesammelt. Ich machte mich auf den Weg in dem Wissen, mindestens zwei Stunden für meine Erledigungen Zeit zu haben.

Als ich gegen Mittag auf dem Rückweg war, bekam ich jedoch ein mulmiges Gefühl. Der Checkpoint war vollkommen leer. Keine wartenden Autos. Nur Soldaten und Panzer waren zu sehen. Die Öffnung der Ausgangssperre war spontan verkürzt worden. Wie sollte ich jetzt bloß nach Hause kommen?

Der Asphalt der langen staubigen Straße flimmerte vor mir in der Mittagshitze. Ich öffnete alle Fenster in der Hoffnung, dass ein kleiner Luftzug im Inneren des Busses entstehen würde. Aber es wehte kein Wind. Wenn ich mich wenigstens in den Schatten setzen könnte. Doch ich durfte mein Fahrzeug nicht verlassen. Mir blieb nichts anderes übrig, als zu warten. Endlich kam ein Soldat mit meinem Pass in der Hand auf mich zu.

Nur Soldaten und Panzer waren zu sehen.

»Sie können jetzt fahren. Ihre Papiere sind in Ordnung!«, verkündete er mir. Erleichtert atmete ich auf.

Bevor ich den Motor anließ, rief er mir noch zu: »Ich ruf mal eben die Militärposten auf der Strecke an, damit sie nicht auf Sie schießen!«

»Oh, danke! Das ist sehr freundlich!«, stammelte ich und machte mich auf den Weg.

Die Straßen waren gespenstisch leer. Kein Mensch war zu sehen. Nur Panzer und Militärwagen waren unterwegs. Nach ein paar Metern kam ich an der Militärstation an Rahels Grab vorbei. Mein Herz pochte wie wild und meine Knie zitterten. Hoffentlich hatte der Soldat vom Checkpoint sein Versprechen gehalten und seine Kollegen über mein Kommen informiert. Vorsichtig schaute ich zu dem Kontrollhäuschen neben der großen Mauer hinauf.

Der Waffenhals eines Schnellfeuergewehres schaute aus einer kleinen Luke heraus und verfolgte meinen Weg, bis ich um die Kurve gebogen war. »Oh Gott!«, erschrak ich und versuchte, nicht panisch zu werden. Jetzt nur nicht zu schnell fahren! Nicht den Eindruck erwecken, ich wäre auf der Flucht.

Ich fühlte die Waffe immer noch hinter mir, als ich vor mir bereits die nächste Militärstation entdeckte. Sie befand sich auf einem hohen Gebäude am linken Straßenrand. Wieder sah ich auf mich gerichtete Maschinengewehre. Wieder fuhr ich langsam an den Soldaten vorbei. Mit jedem Meter näherte ich mich meinem Ziel. Und mit jedem Atemzug flehte ich Gott an, mich heil nach Hause zu bringen.

Endlich konnte ich von der Hauptstraße abbiegen und Richtung Beit Jala fahren. Auf Schleichwegen bewegte ich mich bis zum Stadtzentrum. Hier gab es keine Militärstationen mehr. Noch ein paar Meter und ich war zu Hause. »Danke, Gott!«, seufzte ich erleichtert und stellte den Motor ab. So schnell würde ich bestimmt nicht mehr nach Jerusalem fahren.

»Was war das für ein Knall?« Neugierig rannten wir auf den Balkon und schauten hinunter auf die Straße. »Das ist doch nicht zu fassen!«, platzte ich heraus, als ich sah, was sich vor unserem Haus abspielte. Der Militärjeep, der den lauten Knall verursacht hatte, setzte gerade zurück und fuhr mit voller Wucht gegen den VW Käfer meines Schwagers, der dort am Straßenrand geparkt hatte. »Sind die bescheuert? Was soll das?«, fragten wir uns gegenseitig. Noch mal nahm der Jeep Anlauf, um den armen Oldtimer in die Seite zu rammen.

»Jetzt steigt der auch noch aus!«, bemerkte Johnny aufgeregt.

Mit einer Eisenstange in der Hand ging der Soldat auf das Fahrzeug zu und versuchte, seine Fensterscheiben einzuschlagen. Doch er schaffte es nicht. Die Scheiben waren zu stabil. Made in Germany eben! Sichtlich verärgert ging der Soldat ein paar Schritte weiter, wo unser Mitsubishi-Bus geparkt war. Mit einem Schlag zertrümmerte er die Heckscheibe und die Scherben landeten klirrend auf der Straße. Zufrieden mit sich selbst stieg er zu seinen Kollegen in den Jeep und fuhr fort.

»Die Eier!«, rief Johnny. »Ich habe einen ganzen Stapel Eierpaletten im Kofferraum!«

Mit Staubsauger, Handfeger und Schaufel bewaffnet gingen wir nach draußen, um uns das Malheur anzuschauen: Der ganze Kofferraum war voller Scherben. Feine Splitter übersäten die Eierkartons. Es war furchtbar viel Arbeit, das alles sauber zu machen.

Am nächsten Tag ließ Johnny eine neue Scheibe in das Fahrzeug einbauen. Wir beluden den Kofferraum mit weiteren Lebensmitteln und schon war der Mitsubishi bereit für seine nächste Tour durch die Stadt.

Die langen Zeiten der Ausgangssperren waren schwer zu ertragen. Nur zweimal in der Woche wurden sie für wenige Stunden aufgehoben, damit die Menschen einkaufen konnten. Dann gab es Chaos auf dem Markt und in den Geschäften. Doch viele Leute hatten kein Geld mehr. Sie konnten nicht regelmäßig ihrer Arbeit nachgehen und verdienten weniger. Manche hatten gar kein Einkommen. Allmählich waren ihre Vorräte aufgebraucht und sie wussten nicht, wie es weitergehen sollte. So kamen sie zu uns und baten um Hilfe.

Viele Leute hatten kein Geld mehr.

Johnny war sofort bereit, zu helfen. Er kaufte Unmengen Brot, Milch, Eier, Reis und Mehl und verteilte diese Lebensmittel an bedürftige Familien. Die Not der Menschen bewegte ihn sehr und Gottes Liebe trieb ihn an, sich immer wieder auf den Weg zu machen. Dabei brachte er sich häufig selbst in Gefahr, vor allem in

Zeiten der Ausgangssperre. Wenn er weg war, machte ich mir oft Sorgen und betete viel.

»Wir müssen unbedingt mehr tun. Die Leute sind am Ende ihrer Kräfte. Sie brauchen regelmäßige Hilfe!« – das schrieben wir damals an unseren Freundeskreis und das Ergebnis war überwältigend. Wir bekamen Spenden aus Deutschland, der Schweiz und sogar aus Nordisrael. Das Geld reichte, um bis zu 250 Familien regelmäßig mit Lebensmittelpaketen und Essensgutscheinen zu versorgen. Die Menschen waren unglaublich dankbar. Doch sie wunderten sich auch, dass Johnny sich für sie in Gefahr brachte.

»Gott hat mich zu dir gesandt!«

»Warum kommst du in unser Viertel? Hier wird scharf geschossen!«, begrüßte ihn ein Mann, dessen Haus am Stadtrand gegenüber von Gilo lag.

»Gott hat mich zu dir gesandt!«, antwortete Johnny. Er ging mit dem Mann ins Haus und unterhielt sich eine Weile mit ihm und seiner Familie.

»Pass gut auf dich auf!«, verabschiedete sich der Familienvater, als Johnny in sein Auto stieg.

»Keine Sorge! Mir passiert nichts! Meine Schutzengel schieben zurzeit einiges an Überstunden!«, erwiderte er lachend.

Ich dagegen fand das gar nicht lustig. Oft erzählte Johnny, was er unterwegs erlebt hatte. Dass er noch keine Kugel abbekommen hatte, war wirklich ein Wunder.

»Komm doch mal mit!«, forderte er mich heraus. »Dann wirst du sehen, dass es gar nicht so gefährlich ist!«

»Ja, wenn wir nicht in Schießereien geraten!«, konterte ich.

Auch wenn mir ein wenig mulmig bei der Sache war, begleitete ich Johnny einmal bei seiner Verteilaktion. Unruhig saß ich auf dem Beifahrersitz, als wir mitten in Beit Jala von einem Militärjeep gestoppt wurden. »Aussteigen! Pässe zeigen!«, schrie uns der Soldat an.

»Warum fährst du die ganze Zeit in der Stadt herum?«, fragte er Johnny. »Ich habe dich schon mindestens fünfzehnmal hier gesehen!«

»Ich verteile Lebensmittel an die Leute aus unserer Gemeinde. Hier sind die Namen!«, erklärte ihm Johnny und hielt ihm eine Liste unter die Nase.

»Was wird der jetzt wohl mit uns machen?«, fragte ich mich voller Angst.

Doch es passierte nichts. Wir bekamen unsere Pässe zurück und durften weiterfahren.

Johnnys Hilfe auf Rädern weitete sich immer mehr aus. Schon längst war er nicht nur unterwegs, um Lebensmittel zu verteilen, sondern spielte auch Krankenwagen. Ärzte und Familien aus der Umgebung hatten seine Handynummer und riefen ihn an, wenn sie seine Hilfe brauchten.

Es gab zwar auch echte Krankenwagen, aber die wollten die Menschen nicht benutzen. »Ich lass mich doch nicht von einem Krankenwagen transportieren!«, rief eine alte Frau aus. »Das ist viel zu gefährlich!« Die Menschen hatten allen Grund zur Sorge. Es war schon einige Male vorgekommen, dass Bewaffnete sich in Krankenwagen transportieren ließen und dann aus dem Fahrzeug auf das israelische Militär schossen. Deshalb eröffneten die israelischen Soldaten direkt das Feuer, wenn ein palästinensischer Krankenwagen auf sie zukam.

So kam es, dass Johnny oft gerufen wurde, um Kranke, Verletzte oder Schwangere zu transportieren. Irgendwann bekam er von der israelischen Militärverwaltung sogar eine Genehmigung, die ihm erlaubte, während der Ausgangssperre unterwegs zu sein. Das erleichterte seine Arbeit ungemein. Trotzdem wurde er häufig von Panzern oder Militärjeeps angehalten. Nicht selten reagierten die Soldaten dabei äußerst aggressiv.

»He, du Verrückter! Du Terrorist! Was machst du hier auf der Straße?«, schrie ihn ein Soldat an.

»Pass auf, was du sagst!«, rügte ihn Johnny. »Ich bin kein Terrorist. Ich bin ein Mann des Friedens, ein Mann Gottes! Ich bin Pastor und hier ist meine Fahrerlaubnis!«

Der Soldat schaute auf die Genehmigung, meckerte ein wenig und ließ Johnny fahren.

Manchmal sah Johnny auf seinen Fahrten einen weißen Jeep mit israelischem Kennzeichen. Er rechnete jedes Mal damit, dass er ihn anhalten würde, aber das geschah nie.

Wenn sich die Kämpfe zwischen Beit Jala und Gilo spätabends beruhigten, fuhr mein Mann oft in die Randgebiete der Stadt, um zu helfen. Er barg Menschen aus den Trümmern ihrer Häuser und brachte Verletzte ins Krankenhaus. An einem Abend hatte ein Mehrfamilienhaus in dem Viertel viele Raketen abbekommen. Der Vater eines Jungen aus unserem Teenagerkreis war verletzt. Johnny trug ihn nach draußen, wo sich Sanitäter um ihn kümmerten.

»Ich bin ein Mann des Friedens.«

Dann ging er zurück in das Haus, um nachzusehen, ob noch andere seine Hilfe brauchten. In der Kelleretage fand er eine Familie mit drei Kindern, die weinend und zitternd auf dem Boden lagen.

Der fünfjährige Ramzi weinte und sagte: »Onkel, jetzt schießen sie gerade nicht. Lass uns schnell weggehen!«

Johnny nahm das weinende Kind auf den Arm und sagte tröstend zu ihm: »Du brauchst keine Angst zu haben! Jesus ist bei uns!«

Da antwortete der Kleine: »Ja, Onkel! Das weiß ich. Ich habe die ganze Zeit gebetet.«

Johnny brachte die Familie mit seinem Auto in Sicherheit.

17 HOFFNUNG MITTEN IM KRIEG

Schon seit Stunden schlugen Raketen von dem israelischen Kontrollpunkt in Gilo in den Randgebieten unserer Stadt ein. Die palästinensischen Schützen hatten sich zwischen den Häusern verschanzt. »Bitte geht doch woanders hin! Wir haben Kinder!«, bat ein Familienvater die vermummten Kämpfer. Doch sie hörten nicht auf ihn, sondern reagierten aggressiv und richteten sogar die Waffe gegen den Mann. Besonders als Christ hatte man keine Chance, sich gegen die größtenteils muslimischen Kämpfer zu wehren.

Heute Abend waren die Kämpfe besonders schlimm. Johnny saß auf unserer Dachterrasse und sah, dass die meisten Raketen an derselben Stelle einschlugen. *Da wohnt doch Suna!,* dachte er voller Sorge. Im selben Moment klingelte sein Handy. Es war unsere Mitarbeiterin Suna.

»Oh Gott!«, rief sie völlig aufgelöst. »Alle Raketen treffen unser Haus! Ich habe Angst, dass die Wände über uns zusammenbrechen. Bitte hilf uns! Bete für uns!« Die Verbindung brach ab.

»Ich muss da hin!«, sagte Johnny zu mir.

»Was? Nein, das ist unmöglich! Du kannst ihr jetzt nicht helfen! Das ist Wahnsinn!«, versuchte ich, ihn zu stoppen.

Doch er hörte nicht auf mich. Er rannte die Treppe hinunter, setzte sich in sein Auto und fuhr los. Etwa dreihundert Meter vor Sunas Haus hatten palästinensische Polizisten die Straße abgesperrt. Sie ließen niemanden hindurch. Es war zu gefährlich. In einer kleinen Kampfpause fuhr Johnny auf eigene Verantwortung weiter in Richtung Sunas Haus. Er hielt den Wagen direkt vor ihrer Tür, ließ den Motor laufen und rannte hinein.

Als er gerade die Tür hinter sich geschlossen hatte, begannen die Kämpfe erneut. Eine Rakete traf die Eingangstür, Kugeln flogen durch die Fensterscheiben. Suna und ihre Großfamilie lagen in einem der hinteren Zimmer auf dem Boden. Die Kinder weinten. Einige Erwachsene hatten sich nicht mehr unter Kontrolle. Bei jedem Einschuss schrien sie wie verrückt. Glas zersplitterte, Raketenteile landeten in der Wohnung und aus den angeschossenen Wasserbehältern auf dem Dach lief das Wasser. Johnny schaffte es, sich kriechend bis zu den Kindern vorzuarbeiten. Beruhigend redete er auf sie ein. Er legte ihnen die Hände auf und betete mit lauter Stimme für sie. Nach und nach verstummte ihr Schluchzen und auch die Erwachsenen hörten auf zu schreien.

Ich saß allein zu Hause und konnte nicht fassen, was da gerade passierte. Warum war Johnny nur so stur? Warum hatte er uns wieder alleine gelassen und sich in Gefahr gebracht? Meine Gefühle wechselten zwischen Sorge, Angst, Wut und Hilflosigkeit. Zum Glück schliefen unsere Kinder heute bei ihrer Oma. Die freute sich, dass sie nicht alleine war, denn Johnnys Vater war leider kurz vor Beginn der Zweiten Intifada verstorben. Und ich war froh, dass die Kinder nicht mitbekommen hatten, dass ihr Vater das Haus verlassen hatte, sonst hätten sie sich auch noch Sorgen gemacht.

Glas zersplitterte, Raketenteile landeten in der Wohnung.

Gelähmt vor Angst versuchte ich, Johnny anzurufen. Doch die Leitung brach nach wenigen Sekunden ab. Ich hörte, wie die Raketen wieder in demselben Viertel einschlugen. Ich versuchte noch mal, Johnny zu erreichen. Vergeblich. Das Handy war nicht mehr erreichbar.

Mein Herz verkrampfte sich vor Schmerz. Ich fühlte mich wie gelähmt. Nur stockend kamen mir die Worte über die Lippen: »Oh Gott! Das kann doch nicht wahr sein! Du hast uns doch nicht in diese Stadt geführt, damit Johnny in diesem sinnlosen Kampf sein Leben verliert! Bitte bewahre ihn und hole ihn da heraus!«

Einen Augenblick dachte ich, ich würde meinen Mann nie wiedersehen. Aber dann breitete sich langsam Ruhe in mir aus und ich hörte Gottes Stimme: »Es wird alles gut. Vertraue mir!«

Nach etwa einer Stunde hörten die Schüsse auf.

»Bitte bring uns hier raus! Wir können heute Nacht nicht hierbleiben!«, drängten die Erwachsenen in Sunas Haus Johnny. Kurz entschlossen ging er mit einigen die Treppe hinunter und öffnete die Haustür.

Doch was war das? Unser Mitsubishi-Bus war vollkommen durchlöchert! Kugeln und Raketensplitter steckten in der gesamten Karosserie! Alle Reifen waren platt! Was sollten sie jetzt tun?

»Wir gehen zu Fuß!«, meinte Sunas Mann. Ohne nachzudenken, schlossen andere sich ihm an. Sie nahmen die kleinen Kinder auf den Arm, fassten sich gegenseitig an den Händen und rannten die schmale Straße Richtung Stadtzentrum hinauf. An der Polizeisperre standen einige junge Männer im Schutz eines Hauseingangs. Als sie sahen, dass eine Gruppe Menschen die Straße hinauflief, kamen sie ihnen entgegen und nahmen ihnen die Kinder ab. Noch bevor sie in Sicherheit waren, kam eine Rakete wie aus dem Nichts angeflogen und schlug direkt neben ihnen auf der Straße ein. Fünf der Männer, die zum Helfen gekommen waren, wurden von den umherfliegenden Splittern verletzt. Johnny und Sunas Familie blieben unverletzt.

Am nächsten Morgen kam die Presse in das Viertel. Sie machten Fotos und interviewten die Anwohner. Einen Tag später, an John-

Unser Mitsubishi-Bus war vollkommen durchlöchert!

nys 40. Geburtstag, erschien der Bericht in der Zeitung. Unter dem Artikel war ein großes Foto von unserem Mitsubishi-Bus zu sehen. Durch die durchlöcherte Windschutzscheibe konnte man deutlich die Aufschrift auf dem gelben Schild lesen: »Be ready – Jesus is coming!« Diese Botschaft erreichte alle Dörfer und Städte in den palästinensischen Gebieten. Ein schöneres Geburtstagsgeschenk hätte Johnny sich nicht wünschen können.

»Das kann doch nicht dein Ernst sein!« Ungläubig schaute ich Johnny an. Ich war schon einiges von ihm gewohnt, aber das war nun doch zu viel. »Du willst anfangen, das neue Zentrum zu bauen? Mitten im Krieg?«

»Gott hat mir gesagt, dass es genau der richtige Zeitpunkt ist!«, antwortete Johnny.

Ich konnte es nicht fassen. Was für ein Risiko! Das Gebäude könnte von einer Rakete getroffen werden! Wie sollten wir das dann den Menschen erklären, die für dieses Projekt gespendet hatten? War das nicht unverantwortlich? Und überhaupt: Wie kam Johnny darauf, dass Gott ihm grünes Licht für den Bau gegeben hatte? All diese Gedanken flogen mir durch den Kopf und sprudelten aus meinem Mund. Doch mein Mann blieb bei seiner Meinung.

Kurz darauf bekamen wir Besuch von einem langjährigen Freund aus Deutschland. Ich wusste, dass er Johnnys Idee genauso verrückt finden würde wie ich. »Das kannst du nicht machen, Johnny! Kein Deutscher wird dich in solch einer Situation unterstützen. Und Volontäre zum Helfen findest du auch nicht. Im Krieg baut man nicht!«

Doch Johnny erwiderte: »Wenn auf der einen Seite der Stadt die Häuser zerbombt werden, dann bauen wir hier im Zentrum von Beit Jala ein Haus zu Gottes Ehre!«

Alles Reden nützte nichts. Johnny war sich sicher, dass Gott ihn beauftragt hatte, jetzt mit dem Bau zu beginnen. Im Oktober 2001 legten wir das Fundament. Wir beauftragten keine Firma, sondern engagierten nur ein paar Maurer, während Johnny die Bauaufsicht führte.

Und wieder hatte mein Visionär eine neue Idee: »Was hältst du davon, wenn wir arbeitslose Männer als Tagelöhner auf unserer Baustelle beschäftigen?«

In den letzten Wochen hatten wir aufgrund unserer Lebensmittelverteilung viel Kritik bekommen. Ein katholischer Priester, der früher Johnnys Freund gewesen war, kämpfte in aller Öffentlichkeit gegen uns. Bevor er zum Glauben gekommen war, hatte Johnny ihm geholfen, Evangelikale und Zeugen Jehovas aus der Stadt zu vertreiben. Jetzt warnte der Priester die Leute in seiner wöchentlichen Fernsehsendung vor uns und unserer »hinterlistigen Wohltätigkeit«. Er meinte, wir wollten die Menschen nur in unsere Gemeinden locken. Andere Stimmen sagten, wir wollten ein faules Volk aus den Palästinensern machen.

»Anstatt weiterhin Lebensmittel an sie zu verteilen, könnten wir den Männern Arbeit geben und nur diejenigen unterstützen, die nicht arbeiten können!«, führte Johnny aus.

So begannen wir, Tagelöhner anzuwerben. Die Männer waren sehr dankbar für unser Angebot. Nach Monaten der Ausgangssperren und Arbeitslosigkeit hatten sie nun endlich wieder eine Aufgabe. Sie verdienten den Lebensunterhalt für ihre Familien selbst und mussten nicht mehr betteln. In einer Zeit, in der über 80 Prozent der Bevölkerung keine Arbeit hatten, bekamen sie jede

Woche ihren Lohn auf die Hand. Manchmal arbeiteten über drei-ßig Tagelöhner gleichzeitig auf unserer Baustelle. Manche für ein paar Wochen, andere für mehrere Monate und einige waren die ganze Bauphase bei uns. So ging der Bau schnell voran und wir sparten nebenbei auch noch eine Menge Geld.

Nach wenigen Wochen war die erste Etage fertig und wir wollten die Decke gießen. Doch es gab ständig Ausgangssperren und die Betonmischer konnten nicht kommen. Als eines Abends bekannt gegeben wurde, dass die Ausgangssperre am nächsten Tag für vier Stunden aufgehoben würde, rief Johnny die Baufirma an und bestellte die Betonmischer für den frühen Vormittag. Die Arbeit lief super. Als die Militärjeeps gegen Mittag durch die Straßen fuhren und den Beginn der Ausgangssperre verkündeten, waren wir gerade mit der Decke fertig geworden.

Die Männer waren sehr dankbar für unser Angebot.

Nach der Arbeit gab es ein warmes Essen für alle. Zufrieden und gesättigt gingen die meisten Arbeiter am späten Nachmittag nach Hause. Nur ein paar Männer blieben noch mit Johnny auf der Baustelle. Sie saßen auf der oberen Terrasse des Grundstücks und hatten von hier einen guten Blick auf die frisch gegossene Decke.

»Man weiß ja nie«, meinte Johnny. »Wenn uns jemand etwas Böses will und ein paar Stützen umhaut, bricht die ganze Decke zusammen. Es ist besser, wir halten Wache!«

Als es abends empfindlich kalt wurde, machten die Männer ein kleines Feuer in einem Metallfass. Sie aßen und tranken und erzählten sich Geschichten. Immer wieder wanderte ihr Blick über die Betondecke, die mit großen Scheinwerfern beleuchtet war. Es war eine ruhige Nacht. Keine Schießereien und keine Militärfahrzeuge waren zu hören.

Plötzlich gab es einen lauten Knall und kurz darauf noch einen. Erschrocken sprangen die Männer auf und schauten sich um. Raketen flogen durch die Luft. Die erste landete in der Mischmaschine vor dem Gebäude. Die zweite flog über die Köpfe der Männer hinweg und landete in einem Haufen Erde direkt hinter ihnen. Die lose Erde kam wie ein Regenschauer auf die Männer herab. Die dritte Rakete landete in einem leer stehenden Haus hinter unserem Gelände. Das war knapp! Als nicht mehr geschossen wurde und der Beton einigermaßen fest war, gingen alle mit einem großen Schrecken, aber Gott sei Dank unverletzt nach Hause.

»Warum haben die Israelis auf euch geschossen?«, wollte ich wissen, als Johnny mir erzählte, was passiert war.

»Keine Ahnung. Vielleicht haben sie das Scheinwerferlicht gesehen und es kam ihnen verdächtig vor!«

Der Bau ging weiter. Die Männer ließen sich nicht einschüchtern und kamen auch in der Ausgangssperre jeden Tag zur Arbeit. Wenn Johnny sie nicht fahren konnte, schlichen sie sich an den Panzern und Militärwagen vorbei. Sie wollten arbeiten, obwohl es manchmal gefährlich war.

>»Können wir heute vielleicht im Gebäude arbeiten, damit die Soldaten uns nicht sehen?«

»Johnny, siehst du den Panzer dort oben auf der Straße? Er steht schon den ganzen Morgen da und nun hat er sein Kanonenrohr auf uns gerichtet!« Die Männer bekamen Angst. Es war nicht normal, mit so vielen Leuten auf der Baustelle herumzulaufen. »Können wir heute vielleicht im Gebäude arbeiten, damit die Soldaten uns nicht sehen?«

»Ja, klar. Kein Problem«, meinte Johnny. »Es gibt drinnen genug zu tun.« Als die Arbeiter in der ersten Etage verschwanden, wurde es den Soldaten langweilig und sie fuhren mit ihrem Panzer weiter.

Es war eine echte Herausforderung, während des Krieges zu bauen. Allein das Material zu beschaffen, war eine Kunst für sich. Die Steine kamen zum Beispiel aus der Nähe von Hebron. Dort gab es keine Ausgangssperre und so machte sich der Lkw von dort auf den Weg nach Beit Jala. Doch er kam an einen geschlossenen Checkpoint. Auch die Zufahrtsstraßen zu unserer Stadt waren durch Erdwälle oder Betonklötze verbarrikadiert. Der Lkw-Fahrer rief Johnny an und sagte: »Wenn ich die Steine jetzt wieder mitnehme, kostet das extra. Also überleg dir was!«

Johnny besorgte einen leeren Lkw, stellte ihn auf die andere Seite des Erdwalls und ließ die Steine mit einem Kran umladen. Als sie fast fertig waren, kam ein israelischer Militärjeep vorbei. Ein Soldat stieg aus und schrie Johnny an: »Was macht ihr hier? Ich glaube, ich sehe nicht richtig! Ihr dürft überhaupt nicht hier sein. Es ist Ausgangssperre!«

»Ja, ich weiß, dass die Ausgangssperre wieder angefangen hat. Aber ich baue ein Haus für Gott und dafür brauche ich die Steine!«, entgegnete Johnny.

Der Soldat war vollkommen verblüfft. So etwas hatte er noch nie gehört. Wahrscheinlich dachte er: *Der Typ hat sie nicht mehr alle. Ein Haus für Gott!? Was ist das denn für ein Blödsinn?* Etwas verwirrt suchte er nach der richtigen Antwort und meinte dann nur: »Seht zu, dass ihr fertig werdet und von hier verschwindet, bevor euch noch jemand anderes sieht und es richtigen Ärger gibt!«

»Ich baue ein Haus für Gott und dafür brauche ich die Steine!«

Erleichtert beendeten die Männer ihre Arbeit und brachten die Steine zum Baugelände.

Nur kurze Zeit später stand Johnny neben einem Lkw voller Metall an der geschlossenen Zufahrtsstraße und überlegte gemeinsam mit dem Fahrer, wie sie die Lieferung zu unserer Baustelle bekommen konnten. Plötzlich sah er, wie ein Konvoi dunkler Limousinen in Begleitung von Polizeifahrzeugen Richtung Checkpoint fuhr.

Das ist bestimmt die internationale Delegation, die wegen der Besatzung der Geburtskirche verhandeln will!, dachte er. *Was die können, kann ich auch!* Er setzte sich zu dem Fahrer in den Lkw und wies ihn an, dem Konvoi zu folgen. Als er am Checkpoint ankam, waren die Limousinen schon hindurchgefahren. Johnny stieg aus, ging auf die Soldaten am Schlagbaum zu und fing an, zu diskutieren.

»Das geht nicht. Du kommst hier nicht durch!«, sagten sie ihm zum wiederholten Mal.

»Aber ich brauche das Metall!« Johnny ließ nicht locker. Doch die Soldaten waren zu keiner Verhandlung bereit.

»Johnny, Johnny! Du schon wieder?«, mischte sich ein Offizier in das Gespräch ein. Er hatte sich die Diskussion aus der Ferne angehört und kam jetzt näher. »Meinst du, ich sehe nicht, dass du ständig in der Ausgangssperre unterwegs bist?«

Erschrocken blickte Johnny den Mann an. *Wieso kennt der meinen Namen?,* dachte er. *Wer ist das?*

»Erkennst du mich?«, fragte der Offizier und nahm seinen Helm ab.

»Ja, klar. Jetzt erkenne ich Sie! Sie sind Mister Berger!«, sagte Johnny erfreut und begrüßte ihn. Selbstverständlich kannte er den Chef des israelischen Ministeriums für religiöse Angelegenheiten. Johnny war einige Male in seinem Büro gewesen, um für Pastoren eine Einreiseerlaubnis für die israelischen Gebiete zu beantragen. Mister Berger war immer sehr hilfsbereit und freundlich zu ihm gewesen. Dass die beiden Männer sich jetzt hier trafen, war wirklich lustig.

Johnnys Blick fiel auf den weißen Jeep und plötzlich wurde ihm einiges klar. Er hatte sich schon häufig gewundert, dass er nie von diesem Jeep gehalten wurde, wenn er unterwegs war, um Lebensmittel zu verteilen. Das war also Mister Berger gewesen! Trotzdem war es sehr ungewöhnlich, dass er ihn nie angehalten hatte.

Auch dieses Mal war der Offizier Johnny wohlgesonnen. Er ließ die Nagelkette von der Straße ziehen und der Lkw mit dem Metall durfte durch den Checkpoint fahren.

Wieder war es ein Wunder, wie wir an das Baumaterial kamen. Mit dem Metall konnte die zweite Decke schon bald eingeschalt und gegossen werden. Das Gebäude wuchs und unser Vertrauen in Gottes guten Plan für uns und das neue Zentrum ebenfalls.

»Was ist denn das? Da baut ja jemand!«, wunderten sich die Leute, wenn sie nach einer längeren Zeit der Ausgangssperre an unserem Grundstück vorbeikamen. Auf keiner anderen Baustelle in der Provinz Bethlehem wurde in der Intifada gearbeitet. Niemand hatte den Mut, neue Projekte zu beginnen. Alles lag still. Nichts ging voran. Viele Menschen waren depressiv. Sie hatten Angst vor der Zukunft. Wer die Möglichkeit bekam, wanderte aus.

Vor allem die christliche Bevölkerung hielt die Spannung nicht länger aus.

Das Gebäude wuchs und unser Vertrauen in Gottes guten Plan für uns und das neue Zentrum ebenfalls.

»Dieses Land gehört nicht mehr uns!«, beklagten sie sich. »Sollen die Muslime sich weiter mit den Israelis darum streiten. Wir gehen!« Immer mehr Familien kehrten ihrer Heimat den Rücken und suchten ihr Glück in der Fremde. Auch Menschen aus unserem Bekannten- und Freundeskreis. Wir konnten es ihnen nicht verdenken.

»Glaubst du, dass das Leben hier wieder schön wird?«, fragte mich Melissa eines Tages.

»Weißt du, was Glaube bedeutet?«, fragte ich zurück. »Glauben heißt, auf etwas zu hoffen, was man nicht sieht! Das Leben wird wieder schön! Gott hat es uns versprochen! Er hat noch vieles mit uns vor hier in Beit Jala!«

Genau das erzählten wir den Leuten, die uns fragten, warum wir mitten im Krieg ein Haus bauten. »Gott hält eine wunderbare Zukunft für uns bereit, auch wenn wir es noch nicht sehen können. Wir bereiten uns jetzt schon auf diese Zukunft vor. Deshalb bauen wir!«

Der Rohbau des vierstöckigen Zentrums dauerte nur ein Jahr. In dieser Zeit gab es 168 Tage Ausgangssperre. Es war ein Wunder, dass wir in so einer kurzen Zeit so ein großes Gebäude bauen konnten!

Nur wenige Monate später zog unsere Begegnungsstätte in das neue Zentrum um. Das war sehr ermutigend für uns und für die Menschen in unserer Stadt. Das neue Beit Al Liqa' wurde ein Zeichen der Hoffnung in einer hoffnungslosen Zeit. Und das war erst der Anfang!

18 MELISSA, RENN!

Am Karfreitag 2002 rückte das israelische Militär erneut in die palästinensischen Gebiete ein. Ein langer Konvoi aus Panzern und Militärfahrzeugen rollte durch Beit Jala und verteilte sich in der ganzen Provinz. Häufig kreisten Hubschrauber über Bethlehem. Die Kampfflugzeuge, die über uns hinwegflogen, ließen uns den Atem stocken. Systematisch durchsuchten die israelischen Soldaten die Umgebung. Sie wollten die Widerstandskämpfer entwaffnen und gefangen nehmen.

Wieder gab es Ausgangssperren und oft fiel uns die Decke auf den Kopf. Wenn Panzer an unserem Haus vorbeifuhren, liefen wir auf den Balkon, um uns diese mächtigen Riesen aus der Nähe anzuschauen. Einmal hielt ein Panzer direkt unter unserem Balkon. Ein Soldat öffnete die Einstiegsklappe und schaute zu uns hinauf. In seiner Hand hielt er einen kleinen Fotoapparat. Mit einer Handbewegung fragte er, ob er uns fotografieren dürfe. Wir bejahten lächelnd und der Soldat lächelte zurück. Er fotografierte uns, verschwand in seinem Panzer und fuhr davon.

An einem Nachmittag kam eine Gruppe internationaler Demonstranten nach Beit Jala. Einige Einheimische hatten sich dieser friedlichen Kundgebung angeschlossen. Sie kamen direkt an unserem Haus vorbei. Von unserem Balkon aus beobachteten wir das Geschehen. Mit Transparenten gingen sie mitten auf der Straße den Berg hinauf. Auf einmal entdeckte ich Melissa unter den Leuten auf der Straße. Sie hatte sich unseren Fotoapparat geschnappt und war hinuntergerannt, ohne dass ich es bemerkt hatte. Als sie sich in Position stellte, um die Demonstranten zu fotografieren, hörte ich plötzlich ein lautes Dröhnen. Es klang wie das Donnern eines Erdbebens und ließ den Boden unter unseren Füßen erzittern.

Ich schrie, so laut ich konnte: »Melissa, komm sofort von der Straße weg!« Doch unsere Tochter reagierte nicht. Wie erstarrt stand sie da, unfähig, sich zu bewegen.

»Melissa, renn!«, schrie ich noch einmal.

Nun endlich hörte sie mich. Erschrocken über meinen Tonfall rannte sie, so schnell sie konnte, zu unserem Hauseingang. Im selben Augenblick kam ein riesiger Panzer die Straße herunter. Nur wenige Meter vor den Demonstranten senkte er sein Kanonenrohr und feuerte auf den Asphalt. Ein ohrenbetäubender Lärm erfüllte die Luft. Die Demonstranten schrien und liefen in alle Richtungen. Einige versteckten sich in unserem Hausflur, andere flüchteten sich in die evangelische Kirche auf der anderen Straßenseite. Fünf Demonstranten wurden von den Raketensplittern verwundet. Eine junge Frau war so schwer verletzt, dass sie ins Krankenhaus musste. Wir kümmerten uns um sie, bis sie einige Tage später entlassen wurde.

Im selben Augenblick kam ein riesiger Panzer die Straße herunter.

Der Schreck, den unsere fünfzehnjährige Tochter mir eingejagt hatte, steckte mir noch lange in den Knochen. Immer wieder sah ich sie in Gedanken vor dem Panzer auf der Straße stehen. Wie gut, dass sie sich noch rechtzeitig in Sicherheit bringen konnte, bevor der Panzer geschossen hatte. Wieder einmal hatten wir Gottes Bewahrung erlebt und wir waren unglaublich dankbar dafür.

Nachdem das israelische Militär die Umgebung größtenteils von Waffen gesäubert und viele Männer festgenommen hatte, nahm der Widerstand langsam ab. Die Kämpfe konzentrierten sich nun auf die Geburtskirche. Etwa fünfzig bewaffnete Palästinenser hatten sich dorthin geflüchtet und wurden seitdem belagert. Bei den

Kämpfen kamen einige von ihnen ums Leben, aber die anderen gaben nicht auf.

Nach fünf Wochen wurde die Belagerung der Geburtskirche schließlich durch politische Verhandlungen beendet. Man einigte sich darauf, die übrig gebliebenen dreizehn palästinensischen Extremisten ins Exil zu verbannen. Dann zogen die Panzer aus der Provinz Bethlehem ab. Nach 43 Tagen totaler Ausgangssperre konnten wir endlich wieder aufatmen.

Es war, als hätte ein neues Leben begonnen. Die Kinder gingen zur Schule, die Straßen waren belebt und die bedrückende Stille hatte ein Ende. »Das ist der schönste Tag meines Lebens!«, sagte Melody, während sie ihr Butterbrot für die Schule einpackte.

Für mich auch, dachte ich. Endlich konnte ich vormittags zu Hause wieder etwas schaffen. Die Ausgangssperre hatte uns manchmal den letzten Nerv geraubt!

Doch die neu gewonnene Freiheit hielt nicht lange an. Nur neunzehn Tage später kamen die Panzer erneut in unsere Gebiete zurück. Der Grund dafür war eine Serie von Selbstmordattentaten in Jerusalem. Dabei hatten sich unsere Kinder so auf die Sommerferien gefreut!

Nun war fast die ganzen Ferien über Ausgangssperre. Zum Glück war sie nicht so streng wie über Ostern. Man konnte das Haus verlassen, aber man musste vorsichtig sein.

»As-salam aleikum! Es ist Ausgangssperre!«, klang es schrill durch den Lautsprecher des Militärjeeps, als er an unserem Haus vorbeifuhr.

»Was sagt der da?«, fragte ich. Ich dachte, ich höre nicht richtig. »Friede sei mit euch? Frieden in der Ausgangssperre? Das klingt irgendwie interessant!« Auf seltsame Art setzte sich dieser Satz in meinem Unterbewusstsein fest. Ich war nicht mehr so angespannt und konnte insgesamt besser mit der Situation umgehen.

Trotz der schwierigen Situation versuchten wir, uns die Sommerferien so schön wie möglich zu machen. Häufig brachte ich die Kinder ins Freibad, das im Tal von Beit Jala lag. Es war geöffnet, hatte in der Ausgangssperre aber nur wenige Besucher. Ein befreundeter Bademeister kümmerte sich um sie und passte auf, dass sie keinen Blödsinn machten, während wir unserer Arbeit nachgingen.

»As-salam aleikum! Es ist Ausgangssperre!«

»Habt ihr alles? Dann steigt ein!« Leise kletterten die Kinder auf die Rückbank. Bevor ich ins Auto stieg, lauschte ich noch einen Augenblick, ob ein Panzer in der Nähe war. »Die Luft ist rein. Wir können losfahren!« Ich startete den Motor, setzte zurück und fuhr die kleine Straße Richtung Altstadt hinunter. Doch nach der ersten Kurve stand plötzlich ein Panzer vor mir. Ich bekam einen riesigen Schreck und schaffte es gerade noch, zu bremsen. Schnell legte ich den Rückwärtsgang ein und fuhr panisch zurück zu unserem Haus. Ich stellte mich auf unseren Parkplatz und blieb reglos im Auto sitzen.

Was werden die Soldaten jetzt wohl tun?, dachte ich aufgeregt. *Werden sie aussteigen und mit mir reden?*

Doch es geschah nichts. Der dicke Panzer fuhr ganz nah an meinem Auto vorbei und verschwand. Als wieder alles still geworden war, startete ich den Wagen erneut und fuhr auf Schleichwegen zum Schwimmbad. Wie froh war ich, dass unsere Kinder ihre Sommerferien so wenigstens ein bisschen genießen konnten.

Zu der Zeit war uns ein herrenloser Husky zugelaufen, der offensichtlich aus den israelischen Gebieten kam, denn er verstand nur Hebräisch. Es war ziemlich lustig, wenn wir mit dem Hund durch die Stadt gingen und ihm hebräische Befehle wie »bo« (komm) oder »chef« (sitz) zuriefen. Einmal waren unsere Kinder während der Ausgangssperre mit ihm unterwegs, als plötzlich ein Militärjeep neben ihnen hielt. Ein Soldat stieg aus und fragte: »Wisst ihr nicht, dass Ausgangssperre ist?«

Unser elfjähriger Nadim stellte ihm eine Gegenfrage: »Gilt die Ausgangssperre auch für Hunde?«

»Nein«, antwortete der Soldat, »aber ihr müsst jetzt trotzdem nach Hause gehen!« Er stieg zurück in seinen Jeep und fuhr weiter. Nach wenigen Minuten kam er jedoch zurück. Er ließ die Scheibe herunter und fragte: »Wollt ihr den Hund verkaufen?«

»Nein«, antworteten die Kinder. »Das kommt überhaupt nicht infrage!«

»Schade«, meinte der Soldat und verabschiedete sich lächelnd.

Allmählich beruhigte sich die politische Situation. Die Panzer verließen unsere Gebiete. Nur noch selten sah man Militärjeeps auf den Straßen. Es gab keine Ausgangssperren mehr und nach den Sommerferien begann die Schule wieder. Das Leben hatte sich normalisiert. Die Zweite Intifada war vorbei.

Als wir an einem schönen Herbsttag auf unserem Balkon saßen und die letzten warmen Sonnenstrahlen genossen, sagte Shady plötzlich zu mir: »Weißt du was, Mama? Ich vermisse die Panzer.«

Was für eine seltsame Aussage!

Für unseren Sohn war es spannend gewesen, die Panzer und Soldaten von unserer Wohnung aus zu beobachten. Mit seinen jungen Jahren war ihm die Gefahr nicht so bewusst – und das war vielleicht auch besser so.

19 ENDLICH AUFATMEN

Vor vielen Jahren hatte Gott mir eine Verheißung gegeben, an der ich mich die ganze Zeit festhielt. Er wollte uns ein Leben in Fülle schenken! Nach all dem Schweren, das wir erlebt hatten, löste er nun sein Versprechen ein. Endlich durfte ich das erleben, woran ich zuvor so fest geglaubt hatte!

Der Rohbau des Beit Al Liqa' stand bereits, und das Erdgeschoss war ausgebaut. Dort fanden seit einigen Monaten unsere Veranstaltungen statt. Die restlichen Etagen wurden nach und nach fertiggestellt. Es gab einen großen Konferenzraum, einen Speisesaal, eine Küche, Büros und genügend Platz für eine Kindertagesstätte. Alles war geräumig und hell.

Wir freuten uns über diesen wunderbaren Erfolg und sprachen mit unserem einheimischen Vorstand darüber.

»Wer wird denn in dem Zentrum wohnen?«, fragte ein Vorstandsmitglied, als wir nach einer Sitzung einen Rundgang durch das Haus machten.

»Niemand«, antwortete Johnny, »aber unsere Wohnung ist ja nur fünf Minuten entfernt! Da sind wir schnell hier.«

Das gefiel dem Vorstand überhaupt nicht. Sie meinten, in so einem großen Gebäude müsse unbedingt jemand wohnen, der immer da ist und die Verantwortung übernimmt. »Ihr müsst da einziehen!«, war die einstimmige Meinung.

Damit hatten wir überhaupt nicht gerechnet. Wir hatten zwar daran gedacht, einen Wächter anzustellen, doch dass wir als sechsköpfige Familie einmal in dem Zentrum wohnen würden, hätten wir niemals zu träumen gewagt. Nun aber war es beschlossene Sache. In der vierten Etage wurde eine Wohnung für uns ausgebaut. Sie war zwar kleiner als unser Zuhause im Stadtzentrum, aber das nahmen wir gerne in Kauf.

Plötzlich lebten wir in einem kleinen Paradies! Weg von der Moschee, weg von dem lauten muslimischen Viertel, weg von der Hauptstraße und raus aus dem Mehrfamilienhaus. Gott hatte sein Versprechen gehalten! Ein neues Leben begann für uns als Familie.

Das Schönste an unserem neuen Zuhause war der große Garten. Auch wenn es mit vier Teenagern in zwei Kinderzimmern oft nicht leicht war, so gab es doch überall Ausweichmöglichkeiten. In den langen Sommermonaten waren wir ständig draußen. Die Jungs spielten stundenlang vor dem Haus Fußball, die Mädchen waren im Garten. Sie verabredeten sich mit ihren Freundinnen, trafen neue Leute oder saßen mit unseren Mitarbeitern zusammen.

Plötzlich lebten wir in einem kleinen Paradies!

Unser liebster Treffpunkt war »Großmutter Feige«, wie wir unseren uralten Feigenbaum hinter dem Gebäude liebevoll nannten. Hier konnte man reden, essen und Spaß haben. Wir hatten unter dem Baum eine schöne Sitzecke mit mehreren Tischen angelegt. Selbst in der größten Hitze war es hier angenehm kühl, denn die großen Blätter warfen einen wunderbaren Schatten.

An sechs Nachmittagen in der Woche war unser Garten für die Bevölkerung geöffnet, und er war immer voll, vor allem in den Ferien. Für viele war unsere grüne Oase die einzig erreichbare Urlaubsinsel. Ausflüge in die israelischen Gebiete wurden zunehmend schwieriger, denn inzwischen waren wir in der Provinz Bethlehem praktisch eingemauert. Die Sicherheitsanlage zwischen den israelischen und den palästinensischen Gebieten war fertig. In den Stadtgebieten bestand sie aus über neun Meter hohen Mauern und in den unbewohnten Teilen aus einem Zaun. Die Erlaubnis, in die israelischen Gebiete zu fahren, bekam man als Christ nur zu

Ostern und zu Weihnachten. Den ganzen Sommer über war es für die meisten unmöglich, über die Grenze zu kommen. Kein Ausflug zum Strand, kein Spaziergang im Wald, kein Einkaufsbummel in Jerusalem. Und in Bethlehem gab es kaum Angebote zur Freizeitgestaltung.

Deshalb kamen die Leute zu uns, manche Familien sogar mehrmals in der Woche. Die Kinder spielten, die Erwachsenen saßen in den schattigen Ecken und unterhielten sich. Die Menschen hatten einen großen Nachholbedarf. Die vielen Jahre der Intifada waren nicht spurlos an ihnen vorübergegangen, vor allem nicht an den Kindern. Ihnen war ein Teil ihrer Kindheit geraubt worden. Sie hatten Dinge gesehen und gehört, die Kinder nicht sehen oder hören sollten.

Ihre Eltern konnten in der Zeit des Krieges kaum für sie da sein. Es war schon schwer genug, die Grundbedürfnisse zu stillen. Die Sorge um das tägliche Brot und die Angst, wie es weitergehen würde, vereinnahmten viele Menschen so sehr, dass sie oft keine Kraft mehr für ihre Kinder hatten. Doch jetzt konnten auch sie endlich aufatmen! Langsam ging es wieder aufwärts. Und sie begannen, neue Pläne für die Zukunft zu schmieden.

Durch unseren Einsatz während der Intifada hatten die Menschen erkannt, dass sie uns wirklich am Herzen lagen. Sie hörten nicht mehr auf Stimmen, die sagten, wir seien eine Sekte oder wollten nur Schäfchen aus den traditionellen Kirchen stehlen. Viele hatten unsere liebevolle Fürsorge persönlich erlebt und verteidigten uns vor Menschen, die schlecht über uns redeten. Wir waren nicht mehr die kleine Teestube, von der viele hofften, sie würde bald wieder schließen. Wir waren zu einer großen Organisation herangewachsen und die Menschen begannen, uns zu respektieren und uns zu vertrauen. Dieses Vertrauen der

Jetzt konnten auch sie endlich aufatmen!

Gesellschaft war das Fundament, auf das wir unseren weiteren Dienst in der Provinz Bethlehem aufbauten.

Besonders schön war, dass sich auch Johnnys Bruder George, der sich früher so gegen uns gestellt hatte, uns wieder annäherte. Seine Kinder kamen zu unseren Kinderstunden, den Camps und später auch zum Jugendkreis. Als er Jahre später krank wurde, kümmerte Johnny sich intensiv um ihn und begleitete ihn bis zu seinem Tod im Januar 2020.

»Oh nein! Es ist schon nach sieben Uhr!« Ich musste wohl noch mal eingenickt sein. Stundenlang hatte ich in der Nacht wach gelegen. Tausend Gedanken waren mir durch den Kopf gegangen. Jetzt war ich todmüde, aber ich musste aufstehen! Es war höchste Zeit.

Nach einem schnellen Frühstück ging ich hinunter in mein Büro, wo sich die vorbereiteten Bastelarbeiten schon seit Wochen stapelten. Erst gestern waren die großen Tüten mit den T-Shirts dazugekommen. Ich schnappte mir einen Beutel, die großen Pappen und die Textilstifte und brachte sie in den Bastelraum.

Schön waren sie geworden, die Shirts mit dem schwarzen Aufdruck! Das Giraffenmotiv für die Gruppe der Jüngsten war wirklich herzallerliebst! Ich war gespannt, wie die Shirts aussehen würden, wenn die Kinder die Motive ausgemalt hatten.

Zurück im Büro druckte ich den Zeitplan für diesen Tag und das Programm für die Kinderstunde aus. Dann ging ich eine Etage höher in den Saal. Zufrieden warf ich einen Blick auf die schöne Dekoration. Farbenfrohe Dschungeltiere aus Pappe standen neben der Bühne und darüber hing eine große Sonne mit der Aufschrift »Jambo Afrika!« (»Hallo Afrika!«).

Der Stuhlkreis in der Mitte des Saals war schon fast besetzt. Wie schön, dass wir so viele Helfer und Helferinnen hatten gewinnen können! Mit den Hauptamtlichen waren wir ein Team von über dreißig Leuten. Ich verteilte meine Programmzettel und setzte mich zu der bunt gemischten Gruppe in den Kreis. Im Garten wurden die Kinderstimmen immer lauter. Johnny begrüßte Eltern und Kinder. Mitarbeiter teilten die Kinder in Gruppen ein. Alle waren aufgeregt und freuten sich auf die vor ihnen liegende Zeit.

Nach wenigen Minuten kam Johnny in den Saal und begann das morgendliche Mitarbeitertreffen mit einer kurzen Andacht und Gebet. »Ich freue mich, dass ihr alle dabei seid! Dieses Camp wird etwas ganz Besonderes! Wir haben sehr viel dafür vorbereitet. Drei lange Wochen liegen vor uns, in denen wir jeden Tag unser Bestes geben möchten, damit das Camp ein Erfolg wird. Doch vor allem möchten wir jeden Tag unter Gottes Segen stellen. Das ist uns das Allerwichtigste!«

Mit lauter afrikanischer Musik begann die Kinderstunde. Nach Gruppen sortiert kamen die Kinder in den Saal: die Löwen, die Tiger, die Elefanten und die Giraffen. Sie setzten sich auf den Boden und waren sofort gefangen von dem abwechslungsreichen Programm. Nach ein paar Liedern zur Auflockerung erklärte Sally den heutigen Bibelvers. Sie machte das großartig. Wie gut, dass sie an der Schulung von Fadi und Eman teilgenommen hatte. Man konnte deutlich sehen, wie viel besser und sicherer sie bei ihren Ausführungen war.

Ich öffnete mein kleines Heft und machte mir ein paar Notizen, während ich an der Technik saß. Dann spielte ich das Camplied ein. Der afrikanische Rhythmus erfüllte den ganzen Raum. Was für ein tolles Lied! Ich war überglücklich, dass Gott mir die Worte und auch die Melodie geschenkt hatte. In einem Tonstudio in der Nähe hatte Melody das Lied aufgenommen. Und nun stand sie vorne und brachte es den Kindern bei: »Hallo, sei gegrüßt, oh, Afrika! All deine Schöpfung verkündet Gottes Herrlichkeit!« Tränen der Dankbarkeit standen mir in den Augen, während ich lautstark von meinem Platz aus mitsang.

Dann kam die Dschungelgeschichte. Melissa erzählte sie so spannend, dass es mucksmäuschenstill im Saal wurde.

»Wo kam denn nur die große Mauer her?, wunderten sich die Tiere. Der Dschungel war auf einmal in zwei Teile geteilt. Alles Schöne lag hinter der Mauer: die saftigen Wiesen, die grünen Bäume und das große Wasserloch! Ein Tier nach dem anderen versuchte, die Mauer zu durchbrechen, darüber hinwegzuklettern, die Mauer umzustoßen oder um die Mauer herumzulaufen.«

Tränen der Dankbarkeit standen mir in den Augen.

Melissa lief zu ihrer Höchstform auf: Sie trabte wie das Nashorn, kreischte wie ein Affe, trompetete wie ein Elefant und kicherte wie eine Hyäne. Die Kinder waren begeistert. Doch als keiner es auf die andere Seite schaffte, wurden sie traurig.

»Die große Mauer ist die Sünde und nur einer kann sie durchbrechen«, erklärte Melissa weiter. Nie zuvor hatten die Kinder diese biblische Wahrheit so anschaulich erklärt bekommen. »Jesus hat durch seinen Tod die Mauer der Sünde eingerissen, die uns von Gott trennte.«

»Und jetzt lernen wir Swahili! Das ist die Sprache, die man in vielen Teilen Afrikas spricht!« Ronza hatte die Moderation der Stunde und übte mit den Kindern ein paar Worte. Auch sie hatte sich unglaublich weiterentwickelt. Schon lange konnte ich ihr nur noch positives Feedback geben. Sie bereitete sich gründlich auf ihre Aufgaben vor, stand völlig entspannt vor den Kindern und riss sie durch ihre Fröhlichkeit mit. Was hatten die Kinder für einen Spaß!

Als Nächstes war Andres an der Reihe. Er stellte den Kindern eine deutsche Familie vor, die in Afrika lebte und arbeitete. Der Mann war Pilot und flog mit seinem Flugzeug in den entlegensten Dschungel, um andere Missionare und Krankenhäuser zu versorgen. Die Kinder betrachteten interessiert die Fotopräsentation, die ich dafür zusammengestellt hatte. Anschließend fragte Andres sie, ob sie etwas von ihrem Taschengeld für diese Arbeit in Afrika spenden wollten. Das war etwas ganz Neues für sie. Noch nie hatten sie auf diese Weise etwas von ihrem Besitz mit anderen geteilt.

Die Reaktionen der Kinder waren großartig. Wir öffneten ihren Horizont für neue Welten, Kulturen und auch für die Probleme anderer Menschen. Und wir halfen ihnen, zu sehen, dass das Leben anderswo häufig noch schwerer ist als bei uns. Wir ermutigten sie, von ihrer Situation als Palästinenser wegzusehen und dankbar für alles Gute zu sein, was sie hatten. Uns ging es nicht nur darum, die Kinder zu entertainen, wir wollten ihnen wichtige Lektionen fürs Leben mitgeben. Und das war uns heute auf jeden Fall gelungen.

Von afrikanischer Musik begleitet, gingen die Kinder nach draußen in die Pause. Überall an den schattigen Plätzen machten sie es sich bequem und genossen ihr Frühstück. Zufrieden beobachtete ich das bunte Treiben in unserem Garten. Wie schön, dass wir jetzt so viel Platz hatten!

> *Wir halfen ihnen, zu sehen, dass das Leben anderswo häufig noch schwerer ist als bei uns.*

Mit einem Blick auf die Uhr rief ich meine Mitarbeiter zusammen und ging mit ihnen in den Bastelraum. Heute hatten wir volles Programm. Alle vier Gruppen kamen nacheinander zu uns, um ihr Campshirt zu bemalen. Das war einfach für uns Mitarbeiter. Wir mussten ihnen nur die Pappe in das T-Shirt legen und sie dann beaufsichtigen. Doch für die nächsten Wochen hatten wir uns schwierigere

Bastelarbeiten vorgenommen: eine Löwenmaske, afrikanischen Schmuck, ein Nilpferd aus Salzteig und vieles mehr. Ich wusste, dass es dabei noch ziemlich rundgehen würde. So genoss ich heute die Ruhe vor dem Sturm und gesellte mich zu den Kindern an die Tische.

Auch in den anderen Gruppen ging während des Camps die Post ab. Es gab Sport, Spiele, Wettkämpfe und wir gingen mit den Kindern ins Freibad. Die Kinder durften Pizza backen, einen Obstsalat machen oder ein Schokoladenfondue genießen. Sie tobten auf den Hüpfburgen, auf den Spielgeräten oder dem Indoorspielplatz. Es gab Diskussionsrunden, Tanzgruppen und Facepainting. Das Camp war abwechslungsreich und die Kinder liebten es. Mit meiner Kamera fing ich viele schöne Momente ein. Ich freute mich riesig, dass wir als ganze Familie mitarbeiteten. Unsere Söhne waren voll dabei. Shady verkaufte Pausensnacks in unserem Kiosk und Nadim war für die Sportprogramme verantwortlich. Wir waren ein großartiges Team!

Sieben Themencamps dieser Art arbeitete ich in den darauffolgenden Jahren mit meinen Mitarbeitern aus. Einmal ging es um China, ein anderes Camp hieß »Geheimnisse der Meere«, dann fragten wir »Wer ist dein Superheld«, wir suchten »den allergrößten Schatz« und ein anderes Camp hatte das Land Brasilien und die damit verbundene Fußballweltmeisterschaft zum Thema.

Für jedes dieser Camps schrieb ich ein spezielles Lied. Ich begann mit einem Vierzeiler und schon bald hatte ich eine Melodie und mehrere Strophen. Mit Melody als Sängerin und flotter Musik wurde daraus unser Camplied. Jedes Jahr gab mir Gott neue Ideen, bis wir schließlich sechs Lieder aufgenommen hatten. Es waren echte Ohrwürmer, die uns den ganzen Sommer über begleiteten.

Dann lernten wir die Kisi-Kids kennen, eine österreichische Musical-Gruppe, die von Birgit und Hannes Minichmayr gegründet worden war. Sie fragten uns, ob wir ihr Paulus-Musical in unserem Sommercamp einstudieren möchten.

»Das ganze Musical sollen wir übersetzen? Wie stellst du dir das vor?« Fassungslos schaute ich in die Augen von Hannes, der mir lächelnd gegenübersaß. »Ich weiß ja, dass ihr schon einige eurer Musicals in verschiedene Sprachen übersetzt habt, aber Arabisch? Wie sollen wir das hinkriegen?«

»Ihr macht das bestimmt wunderbar!«, ermutigte Hannes uns und wir waren so begeistert von dem Musical, dass wir zusagten. So etwas in Arabisch zu haben, wäre ein Traum: die Lieder, die Tänze und die Schauspielszenen! Sofort dachte ich dabei an unsere zwanzigjährige Tochter Melody. Ich wusste, dass das genau ihr Ding war. Doch Melody war gerade in Deutschland. Sie besuchte dort dieselbe Bibelschule, an der Johnny vor so vielen Jahren gelernt hatte. Ich fragte sie trotzdem, ob sie dabei sein wollte, und im Frühling teilte sie uns begeistert mit: »Ich darf mein Sommerpraktikum im Beit Al Liqa' machen!«

Wie toll! Jetzt konnten wir das Musical-Projekt beruhigt angehen.

Nur wenige Wochen vor Beginn des Kindercamps kam Melody in Beit Jala an. Inzwischen hatten Johnny und ich schon eine ganze Reihe Lieder übersetzt. Aber es war schwierig und die Zeit drängte. Doch als Melody und ich uns zusammen an die Arbeit machten, lief es wie geschmiert. Wir ergänzten uns wunderbar und schon bald hatten wir das ganze Musical auf Arabisch. Melody nahm alle Lieder in einem Tonstudio auf das Play-back auf und das Camp konnte beginnen.

Drei Mitarbeiterinnen der Kisi-Kids kamen aus Österreich, um uns beim Einüben der Lieder, der Tänze und der Dialoge zu helfen. Die Kinder machten gut mit, auch wenn sie im Singen weniger geübt waren. Es war eine riesige Aktion!

Zweimal haben wir das Musical schon aufgeführt. An das letzte Mal erinnere ich mich besonders: Am Tag der Aufführung hatten wir vormittags die Generalprobe in unserem Veranstaltungszelt auf der großen Bühne. Es war die reinste Katastrophe. Die Kinder waren unruhig, die Mikrofone funktionierten nicht richtig, einige Sänger und Schauspieler konnten ihre Texte nicht auswendig und für eine Rolle hatten wir immer noch keine Besetzung. Alle waren erschöpft und gereizt. Die Kinder hatten keine Lust mehr. Viele Kinder sagten, dass sie nicht zu der Aufführung am Abend kommen würden. Wir beteten Sturm.

Um 19 Uhr sollte die Veranstaltung beginnen, doch nur wenige Stühle im Zuschauerraum waren besetzt. Dann kamen die Kinder auf die Bühne. Die Unruhe im Zelt nahm zu. Mehr und mehr Besucher strömten herein. Etwa eine halbe Stunde später stellte sich Melody vor die Kinder, sprach ihnen Mut zu und betete für die Aufführung. Als sie »Amen« sagte, wurde es im Zelt ganz still. Ich saß an der Technik und war bereit, das Play-back und die Geräusche einzuspielen. Das Musical konnte beginnen!

Was dann passierte, war einfach unglaublich! Von der ersten Minute an hatten wir die volle Aufmerksamkeit des Publikums. Die Leute waren gebannt von dem Auftritt der besessenen Sklavin und freuten sich mit ihr, als sie ein paar Szenen später von dem bösen Geist befreit wurde. Sie hörten Lydia interessiert zu, als sie ihnen einige Leute aus der Gemeinde Philippi vorstellte, erschraken mit Saulus über das helle Licht, das ihn vor Damaskus zu Boden warf, litten mit Paulus und Silas, als sie geschlagen und ins Gefängnis geworfen wurden, und sorgten sich um die gesamte Schiffsmannschaft, als sie auf dem Weg nach Rom in Seenot geriet.

Von der ersten Minute an hatten wir die volle Aufmerksamkeit des Publikums.

Immer wieder applaudierten die Zuschauer nach den Liedern begeistert. Sie verfolgten die Bewegungen der Kinder und der Tanzgruppe mit großem Interesse. Niemand hätte solch einen Auftritt erwartet! Wir nicht und die Kinder schon gar nicht! Viele hatten die Übungsstunden beim Camp nicht besonders ernst genommen. Doch als sie jetzt das Ergebnis sahen, leuchteten ihre Augen voller Begeisterung. Auch ich saß mit glasigen Augen am Mischpult. Ich war so stolz auf Melody, die vor mir auf der Bühne in einer Hauptrolle glänzte.

Beim letzten Lied gab es Gänsehaut-Feeling pur! »Glaube, Hoffnung, Liebe …«, sangen die Kinder und ihre Stimmen erfüllten die ganze Halle. Welch eine Botschaft, welch ein Zeugnis! Die viele Arbeit für das Musical hatte sich mehr als gelohnt!

Ich lehnte mich zurück und genoss die Zugabe. Wie dankbar war ich für die großartigen Kindercamps. Für mich und für viele andere waren sie die schönste Zeit des Jahres.

20 WEIHNACHTEN IN BETHLEHEM

Verträumt liegt das Städtchen in den Hügeln von Judäa. Hell schimmern die kleinen Lehmhäuser in der Abendsonne. Die Kuppeln auf den Dächern geben dem Ort ein orientalisches Flair. Vereinzelt ragen Palmen zwischen den Häusern hervor. Die Straßen sind unbefestigt und staubig. Menschen in langen Gewändern beleben den Markt. Einige reiten auf einem Esel. Auf den Feldern vor der Stadt wachsen Olivenbäume. Dazwischen grasen Schafe, deren Hirten es sich im Schatten bequem gemacht haben. Irgendwo hier draußen muss der Stall mit der Krippe sein! In Gedanken sah ich den Stern darüber leuchten und lauschte dem Gesang der Engel, der den Nachthimmel erfüllte. Wie friedlich es hier war!

Ich liebte meine romantische Vorstellung von Bethlehem. Weihnachtslieder, Kinderbibeln, Geschichten und Filme hatten mir dieses Bild von der Stadt gemalt, in der Jesus geboren wurde. Aber es war eben nur eine Vorstellung. Die Wirklichkeit war von meinen Träumereien weit entfernt.

Das Bethlehem von heute ist eine laute und hektische Kleinstadt. Autos reihen sich dicht an dicht auf den Straßen. Menschen laufen kreuz und quer über die Fahrbahn. Die Altstadt ist dicht bebaut. Scharen von Einheimischen und Touristen bevölkern die engen Gassen, die sich wie ein Labyrinth zwischen den Häusern hindurchschlängeln. An den größeren Straßen stehen moderne Gebäude, zahlreiche noch im Rohbau. Restaurants, Hotels, Souvenirläden und tausend kleine Geschäfte prägen das Stadtbild.

Mitten in dem Gewusel steht ein verwinkeltes altes Gemäuer mit mehreren Glockentürmen und einer winzigen Eingangstür: die Geburtskirche. Im Inneren dieses ehrwürdigen Gotteshauses gibt es getrennte Bereiche für verschiedene Denominationen. Hohe Stufen führen hinunter in die Geburtsgrotte. Hier soll der »Stall« von Bethlehem einmal gestanden haben. Als ich das erste Mal vor dem Stern stehe, der die Geburtsstelle Jesu markiert, fühle ich rein gar nichts. Keine heilige Atmosphäre. Nicht die Gegenwart Gottes. Und doch ist es wahr: Gottes Sohn kam hier zur Welt! Vielleicht nicht direkt an diesem Ort, aber ganz sicher in der Nähe.

Das Bethlehem von heute ist eine laute und hektische Kleinstadt.

Es ist schon etwas Besonderes, so nahe an der Geburtskirche zu leben. In der Weihnachtszeit habe ich oft am Fenster gestanden und nach Bethlehem hinübergeschaut. Beim Klang meiner geliebten Weihnachtslieder fühlte ich mich dem Ereignis, das vor zweitausend Jahren die Welt verändert hat, zutiefst nahe.

Etwas Besonderes war unser erstes Weihnachtsfest in der neuen Heimat. Johnny hatte sogar einen echten Weihnachtsbaum besorgt. Es war eine kleine Kiefer, denn Tannen waren hier nur schwer zu finden. Mit roten Kugeln und Strohsternen verlieh der Baum unserem Wohnzimmer eine festliche Atmosphäre. Die Kerzen waren zwar elektrisch, doch zum Glück blinkten sie nicht wie an den Bäumen in der Nachbarschaft.

Ich war mit meinen Vorbereitungen für das Fest fast fertig: Die Geschenke lagen bereit, Kekse hatte ich schon in der vergangenen Woche gebacken und das Weihnachtsessen brauchte nur noch ein paar Handgriffe. Die Kinder machten gerade einen Mittagsschlaf, damit sie abends länger wach bleiben konnten.

Wie schade, dass es in unserer Gemeinde heute keinen Gottesdienst gibt!, dachte ich. Einen Heiligen Abend ohne Gottesdienst hatte ich noch nie erlebt. Umso mehr freute ich mich auf unsere Familienweihnachtsfeier am späten Nachmittag. Wir würden die Weihnachtsgeschichte lesen, ein paar Lieder singen und dann die Geschenke auspacken. Davor sollte es noch ein leckeres Festessen geben.

Zufrieden stellte ich meinen Braten in den Backofen und setzte das Nudelwasser auf, als ich das Klappen der Eingangstür hörte. Es war Johnny. *Wunderbar, er ist pünktlich!*, dachte ich. *Dann kann ja nichts mehr schiefgehen!*

Doch was war das? Wieso brachte er den Schreiner mit? »Frohe Weihnachten!«, begrüßte mich der schmale Mann mit der sonnengegerbten Haut und setzte seinen Werkzeugkasten auf meinem Küchentisch ab.

»Was soll das denn?«, fragte ich Johnny entsetzt. »Heute ist Heiligabend und wir wollen gleich feiern!«

»Für den Mann ist jetzt aber nicht Weihnachten. Ich bin froh, dass er endlich Zeit hat, unsere restlichen Küchenschränke einzubauen!«, antwortete mir Johnny.

»Wie? Warum ist für ihn heute nicht Weihnachten?«, fragte ich verblüfft.

»Er gehört zur orthodoxen Kirche und die feiern erst am 6. Januar!«

Verärgert schaute ich Johnny an. Ich wollte jetzt mit meiner Familie Weihnachten feiern und da brauchte ich keinen Handwerker im Haus!

»Es wird nicht lange dauern«, versuchte Johnny mich zu beruhigen, doch ich glaubte ihm nicht. Ich schaltete den Backofen auf eine niedrigere Temperatur und stellte das Nudelwasser aus, während der Schreiner Löcher in die Schranktüren bohrte, um die Griffe zu befestigen. Dabei hatte er die Ruhe weg und ich wurde immer nervöser.

Die Kinder wachten auf und freuten sich auf die Weihnachtsfeier. Ungeduldig fragten sie mich, wann sie ihre Geschenke bekommen würden. Als der Schreiner Stunden später fertig war, konnten wir endlich mit unserer Feier beginnen. Doch richtige Weihnachtsstimmung stellte sich bei mir nur sehr langsam ein.

Nur zwei Wochen später feierten wir das orthodoxe Weihnachtsfest mit Johnnys Familie. Alle Geschwister waren mit ihren Familien eingeladen. Schon am frühen Vormittag reisten die Ersten an. Während Johnnys Schwestern sich mit ihrer Mutter in der Küche zu schaffen machten, saßen die Männer im Wohnzimmer und unterhielten sich. Die Kinder sprangen überall herum. Es waren so viele, dass ich irgendwann das Zählen aufgab. *Wie sollen die denn alle an den Esstisch passen?*, fragte ich mich.

»Es wird nicht lange dauern.«

Dann brachten die Frauen das Essen herein. Die Männer nahmen am Tisch Platz. Die Mütter versorgten ihre Kinder in der Sofaecke oder in der Küche. Manche aßen im Stehen. Wenn jemand an dem großen Tisch fertig war, stand er auf und ein anderer setzte sich. Es war ein Kommen und Gehen, das reinste Chaos, bei einer unglaublichen Lautstärke.

Das Essen war köstlich. Es gab Hähnchen mit Reis in verschiedenen Variationen, dazu Coca-Cola und Arak, einen arabischen Anisschnaps. Die Stimmung in der Männerrunde wurde immer ausgelassener. Die Frauen räumten die Essensreste vom Tisch, beseitigten die Reisspuren auf den Sofas und auf dem Boden und machten sich dann an den Abwasch. Als sie damit fertig waren, tranken die Männer immer noch Arak. Diesmal in der Sofaecke. Die Frauen servierten arabischen Kaffee und reichten dazu die selbst gebackenen Kekse. Dann verabschiedete sich einer nach dem anderen und das Weihnachtsfest war vorbei. Dachte ich zumindest!

Am nächsten Tag ging es weiter. Nun mussten die Männer der Familie – so wollte es die Tradition – ihre Schwestern zu Hause besuchen und ihnen nochmals ein frohes Weihnachtsfest wünschen. Mit unseren vier Kindern an der Hand drängten wir uns durch die engen Gassen der Altstadt von Jerusalem. Drei von Johnnys sechs Schwestern wohnten hier. Bei jeder war es derselbe Ablauf. Wir wurden in die gute Stube geführt und bekamen als Erstes ein Stück Schokolade angeboten. Dann gab es ein Gläschen Likör. Danach wurde immer dieselbe Sorte Kekse serviert und zum Schluss trank man arabischen Kaffee. Nach dem dritten Besuch machten wir uns auf den Heimweg. Beschwingt schwebte ich nach dem dritten Likörchen durch die Altstadt und in der Nacht konnte ich von dem vielen Kaffee nicht schlafen. Mit der Zeit fand ich es aber sehr angenehm, zweimal Weihnachten zu feiern. So hatten wir ein Fest mit der Großfamilie und eines nur für uns.

Diesmal gibt es ein ganz besonderes Weihnachtsessen!, dachte ich in einem anderen Jahr, als ich eine gefrorene Ente in einem Supermarkt in Jerusalem entdeckte. Das Wasser lief mir im Mund zusammen, als ich mich an ein Rezept meiner Mutter erinnerte. Doch als ich am Festtag die aufgetaute Ente aus der Tüte nahm, bekam ich einen riesigen Schreck. Die war noch voller Federn! Ich brauchte ewig, bis ich alle entfernt hatte. Schon wieder sank meine Laune langsam, aber sicher in den Keller.

Als ich den vermeintlichen Festbraten abends auf den Tisch brachte, konnte man ihn kaum essen. Er war innen ekelig fettig und außen knochentrocken. Auch die selbst gemachten Kroketten waren mir misslungen. Wir aßen nur ein wenig und standen dann enttäuscht vom Tisch auf. Da hatte ich mir so viel Mühe gemacht und jetzt das!

Ich gab einen Teil der Reste unserer Katze Krümel. Mit großem Appetit schleckte sie die leckere Soße. Doch noch am selben Abend begann unser Kätzchen, sich zu übergeben. Erst nach zwei Tagen erholte es sich.

Unsere Weihnachtsente war wirklich der größte Reinfall. Noch jahrelang zogen meine Kinder mich mit dieser Geschichte auf. Wie gut, dass ich irgendwann auch darüber lachen konnte.

Am 24. Dezember war in Bethlehem eine Menge los. Schon am frühen Nachmittag machten sich viele Leute auf den Weg, um die Ankunft des Patriarchen zu feiern. Das Gebiet rund um die Geburtskirche war weitläufig abgesperrt und konnte nur zu Fuß erreicht werden. Massen von Menschen schoben sich durch die engen Gassen der Altstadt. Die meisten von ihnen waren Einheimische, aber um die Weihnachtszeit gab es viele Touristen in der Stadt. Auf dem Platz vor der Geburtskirche fanden Paraden verschiedener Pfadfindergruppen statt. Es war ein fürchterliches Gedränge und Geschiebe. Mit kleinen Kindern war das kein Spaß, sodass ich nach einem Mal genug davon hatte.

Immer weniger christliche Familien kamen zu der Weihnachtsfeier.

Abends nach unserer häuslichen Weihnachtsfeier machten wir uns jedoch meistens noch mal auf den Weg nach Bethlehem. Auf einer riesigen Bühne vor der Geburtskirche traten dann Chöre aus der ganzen Welt auf. Mal klassisch, mal modern sangen sie Weihnachtslieder in allen Sprachen. Es war eine schöne und feierliche Atmosphäre. Wir lauschten den Liedern und trafen viele

Bekannte. Die Christen von Bethlehem feierten hier gemeinsam das Fest aller Feste.

Doch das änderte sich, als Bethlehem im Jahr 1995 autonom wurde. Die palästinensische Regierung erklärte Weihnachten zum Volksfest. Nun kamen nicht mehr nur Christen zur Geburtskirche. Massen muslimischer Jungen und Männer tummelten sich vor der Bühne, auf der die Chöre sangen. Viele grölten und tanzten und machten sich lustig über das, was sie hörten und sahen. Sie riefen schmutzige Worte und versuchten, ausländische Mädchen anzumachen. Immer weniger christliche Familien kamen zu der Weihnachtsfeier. Keiner hatte mehr Lust dazu. Es war eine Atmosphäre wie auf einem Jahrmarkt.

Während der Zweiten Intifada sah es zu Weihnachten in Bethlehem sehr traurig aus. Es gab keine Lichterketten, keinen Weihnachtsschmuck und auch keine Feierlichkeiten vor der Geburtskirche. Dunkel und traurig vergingen die Festtage. Von »Friede auf Erden« keine Spur.

»Wir sollen da mitmachen? Auf der großen Bühne? Am Heiligen Abend?« Die Kinder konnten es kaum fassen.

Wochenlang studierten sie das Weihnachtsmusical der Kisi-Kids ein und dann kam der große Tag. Mit drei Autos voller Kinder drängten wir uns durch die verstopften Straßen Richtung Geburtskirche.

Eigentlich sollte es noch eine Generalprobe geben, doch der Bus mit den Kindern aus Österreich steckte im Verkehr fest. Als sie ankamen, fragte Hannes, der Leiter der Kisi-Kids: »Wo sind die Trompeten für die Engel?«

»Oh nein! Das darf doch nicht wahr sein!«, ärgerte sich Johnny. In den letzten Wochen hatte er sich darum gekümmert, dass ein Schreiner uns die zwanzig Trompeten genau nach Vorlage herstellte, und jetzt hatte er sie zu Hause liegen lassen! Schnell rannte Johnny zu seinem Auto und fuhr zurück zum Beit Al Liqa'. Doch wie sollte er es bei diesem Chaos auf den Straßen pünktlich zurückschaffen? Es war schon kurz vor dem Auftritt, und die Trompeten sollten beim ersten Lied zum Einsatz kommen!

»Das passt schon«, meinte Hannes in seiner österreichischen Gelassenheit und teilte den Kindern die weißen Gewänder aus. Nachdem alle angezogen waren, ging es los. Wir bahnten uns den Weg durch die lärmende Masse und erreichten die Bühne. Um uns herum war nicht viel von Weihnachtsstimmung zu spüren. Tausende von Menschen drängten sich auf dem großen Platz vor der Geburtskirche. Als die Kinder sich gerade aufgestellt hatten, kam Johnny mit den Trompeten an. Was für ein Wunder, dass er es rechtzeitig geschafft hatte!

Über achtzig Engel begannen zu singen und plötzlich war es Weihnachten in Bethlehem!

Musik ertönte. Über achtzig Engel begannen zu singen und plötzlich war es Weihnachten in Bethlehem! Die Menge wurde ruhig. Sie hörten zu.

Das Musical mit dem Titel »Eine himmlische Aufregung« erzählt davon, wie die Engel im Himmel sich darauf vorbereiten, den Menschen auf der Erde die Geburt von Jesus zu verkündigen.

»Es ist einfach Folgendes, das mir nicht aus dem Kopf gehen will«, erklärt die Engelsbotin Gloria. »Warum sollte Gottes Sohn diesen wundervollen Ort, den Himmel verlassen, um hinunter zur Erde zu gehen?«

»Aus Liebe«, antwortet der Erzengel Gabriel. »Er kommt in die Welt, um für die Schuld der Menschen zu sterben!«

Jedes Mal, wenn das Wort »Sohn Gottes« gesagt wurde, hörte man Leute in der Menge schimpfen und fluchen. Einmal flog sogar ein Gegenstand auf die Bühne. Im Islam ist Jesus zwar ein wichtiger Prophet, aber für Muslime ist es Blasphemie, ihn als Sohn Gottes zu bezeichnen. Doch die Kinder ließen sich nicht beirren. Sie sangen weiter und die Ehre Gottes erfüllte den Abendhimmel über Bethlehem.

Vier Jahre später führten wir noch einmal ein Weihnachtsmusical mit den Kisi-Kids in Bethlehem auf. Dieses Mal spielte Melody die Maria und sang einen großen Teil der Lieder in arabischer Sprache. Das lokale Fernsehen übertrug die Aufführung live und wiederholte die Sendung sogar am nächsten Tag. So kam die Weihnachtsbotschaft in viele Häuser in der ganzen Provinz.

»Da kommen sie!«, riefen die Kinder, als wir im Schritttempo auf das belebte Schulgelände fuhren. Wie aufgescheuchte Hühner liefen sie umher, bis einige Lehrer sie ermahnten, aus dem Weg zu gehen. Unser Mitsubishi-Bus war voll besetzt mit Mitarbeitern und Helfern. Nach uns bog ein kleiner Lkw in den Hof ein und parkte neben uns. Seine offene Ladefläche war voll bepackt. »Geschenke der Hoffnung« stand auf den großen Kartons und dann war da noch das Logo von »Weihnachten im Schuhkarton« zu sehen.

In manchen Jahren verteilten wir bis zu 16 000 Geschenke.

Wie gut, dass wir vom Schulministerium die Erlaubnis erhalten hatten, die Geschenke in Schulen zu verteilen! Manchmal kamen die Kinder aus den umliegenden muslimischen Dörfern auch zur Verteilung zu uns ins Beit Al Liqa'. Sie spielten in unserem schönen

Garten, erlebten eine fröhliche Kinderstunde und bekamen zum Schluss einen bunt beklebten Schuhkarton, der voller Überraschungen war. In manchen Jahren verteilten wir bis zu 16 000 Geschenke.

Seit vielen Jahren leitete Johnny diese Aktion in den palästinensischen Gebieten. Zu dem kleinen Dorf Marah Rabah mit gerade einmal dreitausend Einwohnern, das in der Nähe von Hebron liegt, bestand schon länger Kontakt. Von dort hatten wir die Steine für den Bau unseres Zentrums bekommen. Mithilfe des Besitzers der Steinfabrik hatte Johnny nun die Verteilung der Geschenke in der Dorfschule organisiert.

Allein die Fahrt zu diesem entlegenen Ort war das reinste Abenteuer. Versteckt hinter Hügeln und von israelischen Siedlungen umgeben, war das Dorf auch lange nach der Intifada noch von der Außenwelt abgeschnitten. Alle Zufahrtsstraßen waren mit Erdwällen und Beton blockiert. Die erste Herausforderung für uns bestand darin, überhaupt einen Zugang zu dem Dorf zu finden. Doch nun hatten wir es endlich geschafft und waren an unserem Ziel angekommen.

Wir wurden bereits sehnsüchtig erwartet. Alle Kinder, die Lehrkräfte und viele Eltern hatten sich auf dem Schulhof versammelt. Mikrofone und Lautsprecher waren vorbereitet, Hunderte von Stühlen standen in Reih und Glied. Mit großen Plakaten hießen die Einwohner des Dorfs uns herzlich willkommen. Alle waren aufgeregt und neugierig: Mütter und Väter mit kleinen Kindern auf dem Arm, größere Kinder, mit ihren kleinen Geschwistern an der Hand und selbst die alten Leute wollten sich dieses besondere Ereignis nicht entgehen lassen.

Schließlich ergriff Johnny das Wort: »Ich bin heute zu euch gekommen, weil ihr in meinen Augen etwas Besonderes seid! Ihr habt sogar etwas mit mir gemeinsam! Wisst ihr, was das ist?«

»Ja, du gehörst zur Familie Al Sheikh, so wie wir!«, riefen einige Männer, die sich um den Besitzer der Steinfabrik scharten. Der faltige alte Mann mit den stechenden Augen kannte Johnny nur unter seinem Spitznamen »Hanna Al Sheikh«, so wie die meisten Leute in Beit Jala. In Marah Rabah gab es viele Familien mit demselben Nachnamen.

»Ja«, fuhr Johnny fort, »und weil wir zur selben Familie gehören, liegt ihr mir besonders am Herzen. Deshalb habe ich euch heute etwas mitgebracht!« Alle glaubten, dass er die Geschenke meinte. Doch bevor die Verteilung der rund tausend Schuhkartons begann, erzählte Johnny der lauschenden Menge von dem allergrößten Geschenk: von Jesus, der als Kind in Bethlehem zur Welt gekommen war.

Dann endlich kam der Moment, auf den die Kinder so lange gewartet hatten: die Bescherung! Das reinste Chaos brach aus. Jeder war in Sorge, dass er vielleicht kein Geschenk bekommen würde. Die Eltern waren fast aufgeregter als die Kinder. Sie legten sich mächtig ins Zeug, damit ihre Kinder nicht zu kurz kamen. Wer ein Geschenk erhalten hatte, hielt es krampfhaft fest. Einige öffneten ihren Karton vorsichtig. Als sie sahen, was für tolle Sachen darin waren, rannten sie mit strahlenden Gesichtern nach Hause, um ihre Schatzkiste in Sicherheit zu bringen.

Die Verteilung der Geschenke dauerte viel länger, als wir erwartet hatten. Erst am späten Nachmittag waren wir damit fertig. Es blieben nur wenige Minuten bis zur Dämmerung. In Kürze würde der Muezzin rufen und damit die tägliche Fastenzeit des Ramadans beenden. Dies ist gewöhnlich die Zeit, in der sich jeder Muslim schnellstens auf den Heimweg macht, um endlich etwas zu essen. Doch unsere Dorfbewohner machten nicht den Anschein, dass sie es eilig hatten. All ihre Aufmerksamkeit galt den Geschenken.

Als wir uns verabschiedeten, wollte man uns gar nicht gehen lassen. »Bleibt doch zum Essen!«, luden sie uns ein. Doch für uns wurde es Zeit, aufzubrechen. Wir hatten noch eine lange Fahrt vor uns. Nachdem uns tausendmal gedankt worden war, machten wir uns tief bewegt und voller Freude auf den Rückweg.

»Habt ihr gesehen, wie sie uns das Heftchen aus der Hand gerissen haben?«, fragte Johnny seine Mitarbeiter unterwegs.

»Ja, die Kinder waren ganz neugierig auf die Geschichte mit den bunten Bildern!«, antwortete Ronza.

»Ich hoffe, dass es auch wirklich gelesen wird!«, fügte Sally hinzu.

»Wenn nur ein Kind die Weihnachtsgeschichte liest und dadurch Jesus kennenlernt, hat sich unsere ganze Aktion gelohnt!«, betonte Johnny. »Auf jeden Fall habe ich schon lange nicht mehr so viele leuchtende Kinderaugen gesehen wie heute!«

21 NICHT PALÄSTINEN-SISCH UND NICHT DEUTSCH

Nie zuvor habe ich mich so unscheinbar gefühlt wie neben Palästinenserinnen. Schon bei meinem ersten Besuch in Beit Jala fiel mir auf, wie viele hübsche Frauen es hier gibt. Sie sind immer top gekleidet und durchgestylt, wohl kaum eine palästinensische Frau geht ungeschminkt aus dem Haus. Das äußere Erscheinungsbild ist viel wichtiger, als ich es von meinem Bekanntenkreis in Deutschland kenne. Natürlich achte ich darauf, gepflegt auszusehen, aber ich schminke mich nicht jeden Tag. Vor allem als unsere Kinder klein waren, hatte ich Wichtigeres zu tun, als lange vor dem Spiegel zu stehen.

Johnny gefallen auffällig geschminkte Frauen nicht. Wenn ich ihn auf eine besonders attraktive Frau aufmerksam machte, sagte er: »Ich finde, die sieht ganz normal aus. Nichts Besonderes.« Was für ein Glück für mich!

Manchmal meinte er sogar: »Nur Fassade, nichts dahinter!« Das konnte ich nicht bejahen. Viele Frauen waren nicht nur besonders schön, sie waren auch sehr klug. Mit ihren akademischen Leistungen konnte ich nicht mithalten, ganz zu schweigen von ihrer Sprachbegabung: Sie sprachen neben Arabisch fließend Englisch, Deutsch, Französisch oder Spanisch. Ich hatte keine Titel oder Diplome vorzuweisen, was in dieser Gesellschaft einen hohen Stellenwert hat. Mir lag auch nicht viel an den pompösen Familienfeiern, zu denen wir häufig eingeladen wurden. Da waren Hochzeiten mit einigen Hundert Gästen in riesigen Sälen, die edel und feierlich geschmückt waren. Allein die Blumenpracht kostete ein kleines Vermögen! Die Frauen erschienen in Kleidern, wie ich sie zuvor nur im Fernsehen gesehen hatte. Frisch vom Friseur sahen viele wie Models aus. Da passte ich einfach nicht dazu.

Ich hatte große Mühe, Beziehungen zu solchen Frauen aufzubauen, mit denen ich so gar nichts gemeinsam hatte. Mir fehlte es nicht an Kontakten, doch die waren meistens sehr oberflächlich. Ich suchte nach mehr. Mir fehlten echte Freundschaften. Frauen, mit denen ich auf einer Wellenlänge war. Mit denen ich lachen und weinen konnte. Frauen, von denen ich etwas lernen konnte und denen meine Gesellschaft wichtig war.

Dann lernte ich durch Johnnys jüngeren Bruder Kareem dessen palästinensische Verlobte Kathrin kennen. 1997 kam sie in unserer Teestube zum Glauben. Nach ihrer Hochzeit wohnten Kathrin und Kareem in dem Familienhaus eine Etage unter uns. Langsam entwickelte sich eine Beziehung zwischen Kathrin und mir. Wir konnten gut miteinander reden. Sie war so erfrischend fröhlich. Es machte Spaß, mit ihr zusammen zu sein.

Mir fehlten echte Freundschaften.

Kathrin begann, in den Kinderstunden zu helfen, und es stellte sich heraus, dass sie sehr begabt war. Sie machte eine Bibelschulausbildung in Bethlehem und arbeitete danach vollzeitlich bei uns im Beit Al Liqa' mit. Durch meine Schwägerin begannen wir im Jahr 2008 eine Frauenarbeit. Sie war eine wunderbare Rednerin und zog die Frauen durch ihre direkte Art in ihren Bann. Man konnte ihr stundenlang zuhören. Zu unseren wöchentlichen Treffen kamen immer mehr Frauen. Kathrin half mir, mich zu integrieren, und so lernte ich viele neue Frauen kennen.

Durch unseren wöchentlichen Kreis fiel es mir viel leichter, auf Frauen zuzugehen. Zu den biblischen Themen hatte ich etwas zu sagen. Das war meine Welt. Ich konnte meine Erfahrungen im Glauben weitergeben und mit Frauen ins Gespräch kommen. Obwohl sie größtenteils aus traditionellen Kirchen kamen, hatten die meisten wenig Ahnung von der Bibel. Erst bei uns fingen sie an, Gottes Wort zu lesen. Über die Jahre gaben viele ihr Leben Jesus und wuchsen im Glauben.

Als Kathrin an Krebs erkrankte, war das ein schwerer Schlag für uns alle. Sie ging ganz offen mit ihrer Krankheit um und war dadurch ein großes Zeugnis für viele Menschen in unserem Land und weit darüber hinaus. Sechs lange Jahre kämpfte sie gegen den Krebs. Als sie im Juni 2019 im Alter von nur 38 Jahren starb, verlor ich nicht nur meine Schwägerin, sondern auch eine gute Freundin, und ich vermisse sie bis heute.

Nach Kathrin übernahm Jane die Frauenarbeit. Auch mit ihr bin ich auf einer Wellenlänge und wir schätzen und ergänzen uns gegenseitig.

Trotz einiger Beziehungen, die sich in den letzten Jahren entwickelt haben, bin ich immer noch anders als die meisten palästinensischen Frauen. Allein durch meine Aufgaben im Beit Al Liqa' lebe ich in zwei Welten. Ich bin in ständigem Austausch mit Deutschen und gleichzeitig involviert in die Arbeit vor Ort. Meine Tage sind voll und durchstrukturiert.

Zum Faulenzen oder Kaffeeklatsch finde ich nur selten Zeit. Für meine Schwiegermutter war das sehr seltsam, als wir noch in dem Familienhaus wohnten. Meine Schwägerinnen und andere Frauen aus der Großfamilie saßen ständig bei ihr und hatten Zeit. Ich dagegen hatte immer etwas zu tun. Doch durch mein Verhalten trug ich selbst dazu bei, dass ich ausgeschlossen wurde und mich als Fremde fühlte.

Was mir von Anfang an große Schwierigkeiten machte, war die »Inshallah«-Haltung. Egal, ob man fragte: »Kommst du zu unserer

Feier« oder »Können wir uns morgen treffen?«, ständig bekam man die Antwort: »So Gott will!«.

»Inshallah« ist aber kein Zeichen für besondere Frömmigkeit, die Leute wollen sich nur nicht festlegen. Anstatt »Ja« oder »Nein« zu sagen, lassen sie ihre Antwort offen. Normalerweise bedeutet »Inshallah« eher »Nein«, doch man findet es unhöflich, so direkt zu antworten. Es dauerte einige Zeit, bis ich das verstanden hatte, und ich wurde oft enttäuscht.

Noch schlimmer fand ich es, wenn jemand eine feste Zusage machte und sie dann nicht hielt. Auch das ist hier gang und gäbe. Als wir noch kein Auto hatten, versprachen uns manchmal Leute, uns zu einem Ausflug mitzunehmen. Ich freute mich darauf und erzählte es den Kindern. Doch dann kamen sie einfach nicht oder sagten kurzfristig ab.

Ein anderer typischer Anfängerfehler von mir war, dass ich Einladungen direkt annahm. Oft sagten uns Leute: »Kommt uns doch besuchen!«, aber sie meinten das nicht so. Es war nur eine Floskel. Will man wirklich jemanden einladen, muss man die Einladung häufiger aussprechen. Ich konnte solch ein Verhalten nicht verstehen und es fiel mir schwer, damit zu leben. Aber ich konnte die Kultur nicht ändern. Ich musste versuchen, mich mit ihr zu arrangieren.

Ein anderer typischer Anfängerfehler von mir war, dass ich Einladungen direkt annahm.

»Wo ist es schöner, in Deutschland oder hier?«, wurde ich in den ersten Jahren häufig gefragt. Das war für mich oft nicht leicht zu beantworten. Deutschland war meine Heimat. Dort kannte ich mich aus. Dort verstand ich die Menschen, die Kultur und natürlich die Sprache. In Beit Jala hatte ich mit vielem zu kämpfen und mein Leben war dadurch oft anstrengend. Doch ich wusste immer, dass mein Platz von Gott in Beit Jala ist. Deshalb antwortete ich häufig: »In Deutschland ist es sehr schön, aber mein Zuhause ist jetzt hier!«

Ich bin immer noch keine Palästinenserin. Aber ich bin auch keine richtige Deutsche mehr. Vielleicht bin ich so etwas wie eine deutsche Palästinenserin? Egal. Auf jeden Fall habe ich mich verändert. Ich bin flexibler geworden und sehe einiges lockerer. Für mich muss nicht mehr alles geregelt und durchorganisiert sein. Vor allem nicht, wenn es sich um Nebensächlichkeiten handelt.

Von meinem Mann habe ich gelernt, Dinge anzupacken und durchzuziehen, auch wenn ich manchmal meine Bedenken habe. Durch die vielen Ausnahmesituationen, die wir bereits erlebt haben, habe ich gelernt, die normalen Zeiten dazwischen möglichst effektiv zu nutzen. Ich plane nicht mehr so weit im Voraus, denn man weiß nie, was der nächste Tag bringen wird. Und ich habe gelernt, auf Gott zu vertrauen und einen Tag nach dem anderen zu leben.

Nach rund dreißig Jahren in diesem Land habe ich viel dazugelernt. Mittlerweile kann ich gut auf Frauen zugehen und ein Gespräch mit ihnen beginnen. Doch ich erwarte nicht mehr zu viel von solchen Kontakten oder Freundschaften. Für wahre, tiefe Beziehungen habe ich meine deutschen Freundinnen und meine inzwischen erwachsenen Töchter. Ich kämpfe nicht mehr um Anerkennung. Es ist in Ordnung für mich, im Hintergrund zu sein und wenig beachtet zu werden. Ich muss mich nicht mehr anpassen, sondern darf ich selbst sein. Das ist das Einzige, was ich kann, und mehr erwartet Gott nicht von mir.

Vor einiger Zeit hatten wir eine große Frauenkonferenz im Beit Al Liqa'. Um die hundert Frauen aus den palästinensischen Gebieten und aus Nordisrael nahmen daran teil. An einem Nachmittag durfte ich ein bisschen aus meinem Leben erzählen. Dabei ging es hauptsächlich darum, warum ich hergekommen bin und was ich hier tue.

Nach der Veranstaltung kamen einige Frauen auf mich zu und bedankten sich bei mir. »Danke für das, was du bist und was du tust!«, sagte eine Teilnehmerin. Sie meinte es ernst, das spürte ich. Und es ermutigte mich. Ich muss keine Palästinenserin sein, um den Menschen hier nahezukommen. Die Hauptsache ist, dass ich als Gottes Tochter lebe. Dann hat mein Leben von selbst Auswirkungen auf die Menschen um mich herum.

> »Danke für das, was du bist und was du tust!«

22 UNERWÜNSCHT UND OHNE RECHTE

»Was soll ich nur tun?«, fragte ich Johnny, als wir an einem schönen Novembermorgen im Jahr 2017 auf dem Weg nach Beth El waren. Die israelische Militärverwaltung hatte mich vorgeladen. Es ging um meine Visumsverlängerung.

Die Bedingungen für ausländische Ehepartner von Palästinensern hatten sich verschärft. Viele unserer Bekannten waren in derselben Situation wie ich und hatten diesen Gang schon hinter sich. Sie bekamen nur ein neues Visum, wenn sie unterschrieben, dass sie nie wieder die israelischen Gebiete besuchen oder den israelischen Flughafen benutzen würden. Aber wie konnte ich so etwas unterschreiben?

»Ich weiß nicht, was du tun sollst«, antwortete mir Johnny. »Ich weiß wirklich nicht, was richtig ist!«

Schon seit Wochen war ich am Beten und Kämpfen. Ich wollte mir diese Einschränkung nicht gefallen lassen. Vor allem, weil Palästinenserinnen über fünfzig sich ohne Erlaubnisse im ganzen Land bewegen dürfen. Warum sollte ich weniger Rechte haben als eine Palästinenserin?

Nach einer Stunde Fahrt kamen wir an der Militärstation in Beth El an. Bevor wir in den Hochsicherheitstrakt gelassen wurden, mussten wir unsere Handys und meine Handtasche abgeben. Nach einer Leibesvisite führte ein Soldat uns zu dem Büro der zuständigen Beamtin, die gerade nicht da war. Es war ein kleiner Baucontainer, in dem es chaotisch und etwas schmuddelig aussah. Wir nahmen Platz und schauten uns um. Neben uns hing eine riesige

Pinnwand, die mit Selbstporträts einer Frau mittleren Alters übersät war. Dann erschien das »Fotomodell« selbst in dem Büro. Sie begegnete mir voller Arroganz und Verachtung.

»Wann waren Sie zuletzt in Jerusalem?«, wollte sie von mir wissen.

»Ich weiß nicht so genau«, antwortete ich voller Angst.

»Sie dürfen mit Ihrem Visum nicht in die israelischen Gebiete!«, sagte sie und schob mir einen Zettel herüber.

»Lesen Sie das und unterschreiben Sie!«, befahl sie in schroffem Ton.

Ich nahm das Blatt in die Hand und begann, den englischen Paragrafen zu lesen, aber in meinem Kopf drehte sich alles. Ich begann den Satz immer wieder von vorne und konnte mich nicht auf den Inhalt konzentrieren. Tausend Gedanken flogen mir durch den Kopf. Die Vergangenheit mit all ihren Problemen holte mich ein. Jahre zogen in Sekunden an mir vorüber. In wie viele schwierige Situationen war ich schon wegen meines Visums geraten? Wie würde es jetzt weitergehen? Ich wusste es nicht. Zitternd saß ich vor dem Blatt Papier und versuchte, mich zu konzentrieren.

Ich wurde vom ersten Moment an diskriminiert und behandelt, als sei ich minderwertig.

Sosehr ich mich von den Palästinensern angenommen und willkommen fühlte, von israelischer Seite erlebte ich das genaue Gegenteil, zumindest von Behörden und von dem Sicherheitspersonal an den Grenzen. Von ihnen wurde ich vom ersten Moment an diskriminiert und behandelt, als sei ich minderwertig, einfach nur, weil ich mit einem Palästinenser verheiratet war. Schon bei der ersten Einreise hatte ich das erlebt. Aber das war nur ein Vorgeschmack gewesen.

Ich dachte, dass ich als Ehefrau eines Einheimischen eine dauerhafte Aufenthaltserlaubnis bekommen oder eingebürgert würde.

Aber da hatte ich mich gründlich geirrt. Meine Einbürgerungsanträge wurden aus politischen Gründen nicht bearbeitet und meine Visumsfrage entwickelte sich zu einem schier endlosen Problem.

In den ersten Jahren arbeiteten wir mit einer amerikanischen Partnermission zusammen und waren gemeinsam mit anderen Missionaren zu mehreren Konferenzen in England und Ägypten eingeladen. Diese Reisen verliefen ohne Probleme. Ich bekam jedes Mal ein dreimonatiges Visum für Israel, das ich nach Ablauf bei der israelischen Militärverwaltung um weitere drei Monate verlängern konnte. Doch später wurde es immer schwieriger. Oft bekam ich wochenlang keine Antwort auf meinen Antrag und musste letztendlich mit abgelaufenem Visum ausreisen. Das war eine sehr nervenaufreibende Sache.

»Es ist verboten, das Land nur zur Visumverlängerung zu verlassen!«, sagte mir die Grenzbeamtin, als ich einmal versuchte, von Jordanien einzureisen. »Du musst zum Innenministerium gehen und eine Verlängerung beantragen!«

»Aber genau das habe ich versucht!«, entgegnete ich ihr. »Und weil ich keine Antwort bekommen habe, bin ich ausgereist! Bitte geben Sie mir ein Visum!« Die Beamtin telefonierte, schaute dann eine gefühlte Ewigkeit in ihren Computer, stempelte meinen Pass und gab ihn mir zurück. Erleichtert griff ich danach und verließ die Kontrollstation, so schnell ich konnte. Erst als ich im Auto saß, öffnete ich meinen Pass und schaute nach dem Visum. »Einen Monat nur?«, platzte ich heraus. »Na ja, zumindest hatten wir einen schönen kleinen Familienurlaub!«

Nur wenige Tage zuvor waren wir nach Jordanien gefahren. Leider konnten wir nicht gemeinsam reisen.

Johnny und die Kinder durften mit ihren palästinensischen Pässen nur die Grenze in Jericho, die sogenannte Brücke, überqueren, während ich einen Grenzübergang für Ausländer benutzen musste, der etwa achtzig Kilometer nördlich von Jericho lag. Wir entschieden, unser Auto mitzunehmen. Also fuhr ich westlich des Jordans bis kurz nach Bet Sche'an und überquerte dort die Grenze. Zeitgleich passierte Johnny mit den Kindern die Brücke und fuhr mit einem Taxi auf der östlichen Seite des Jordans mir entgegen. Wir wollten uns irgendwo unterwegs treffen. Doch wie sollte das funktionieren? Es gab noch keine Handys, um Kontakt zu halten. Außerdem hatte ich an der Grenze ein jordanisches Nummernschild erhalten, sodass Johnny unser Auto nicht auf Anhieb erkennen konnte. »Immer wenn dir ein Taxi entgegenkommt, gib Lichthupe!«, hatte er mir eingeschärft. Das war ja ein toller Plan!

Als ich auf der jordanischen Seite ankam, wurde es bereits dunkel. Mitten im Nirgendwo fuhr ich eine einsame Wüstenstrecke entlang, bis ich endlich auf eine belebtere Straße kam. Jedem Taxi, das mir entgegenkam, gab ich Lichthupe. Nach etwa einer Stunde hupte ein Taxi zurück und hielt am Straßenrand. Wir hatten uns tatsächlich gefunden! Was für ein Wunder!

In der Zeit der Zweiten Intifada reiste ich nochmals zwecks Visumverlängerung nach Jordanien. Wir hatten Besuch von deutschen Freunden, die in Jordanien lebten. Sie boten mir an, mich in ihrem Auto nach Amman mitzunehmen. Nach ein paar Tagen kehrte ich nach Israel zurück und bekam an der Grenze wieder nur ein Visum für einen Monat.

»Selber schuld«, sagte mir die israelische Grenzbeamtin. »Warum haben Sie auch einen Palästinenser geheiratet?«

»Weil ich ihn liebe!«, antwortete ich. Aber das schien sie nicht zu interessieren.

Frustriert machte ich mich auf den Rückweg nach Beit Jala. »Hoffentlich komme ich gut in die Stadt!«, bangte ich die ganze Strecke über.

Als ich in Bethlehem ankam, war der Hauptcheckpoint gesperrt. Ich ließ mich mit dem Taxi an einen anderen Kontrollpunkt bringen, der am Rande unserer Stadt lag. Dieser Zugang nach Beit Jala war seit etwa zwei Jahren für Autos gesperrt, wurde aber täglich von Hunderten Fußgängern überquert.

Als ich auf den Schlagbaum zuging, sah ich Johnny mit unserem Auto auf der anderen Seite stehen. Plötzlich fing der Soldat am Tor an, laut zu rufen: »Weg hier! Es ist verboten, über den Checkpoint zu gehen!« Erschrocken blieb ich stehen.

Mein Mann versuchte, mit dem Soldaten zu diskutieren. »Halt den Mund oder ich erschieße dich!«, schrie er Johnny an. Fassungslos sahen wir einander an. Nur wenige Schritte trennten mich von meinem Mann und meinem Zuhause. Aber ich durfte diese Schritte nicht gehen, weil dieser Soldat das gerade so entschieden hatte! Was sollten wir jetzt tun?

»Wir müssen über die abgesperrte Straße gehen!«, rief Johnny mir zu.

»Halt den Mund oder ich erschieße dich!«

Als der Soldat mitbekam, was wir vorhatten, befahl er dem Wachposten auf dem Dach der Militärstation über Funk: »Wenn du siehst, dass ein Mann und eine Frau über die Schotterberge dort drüben gehen wollen, dann schieß auf sie!«

Wie gut, dass Johnny Hebräisch verstand. Er sagte mir, dass ich die Straßensperre allein überqueren sollte. »Dir werden sie nichts tun. Ich warte weiter unten in der Stadt auf dich. Da können die Soldaten mich nicht sehen!«

Mit zitternden Knien machte ich mich auf den Weg zu der gesperrten Zufahrtsstraße. Voller Angst schleppte ich meinen Koffer über den Erdwall und fühlte mich dabei ziemlich beobachtet. Der Scharfschütze auf dem Dach war nur zweihundert Meter von mir entfernt. Bei jedem Schritt betete ich: »Oh Herr, bitte mach, dass er nicht schießt!« Meter für Meter ging ich voran. Als ich bei Johnny ankam, atmete ich auf: Ich war in Sicherheit und zu Hause.

Bald darauf stand wieder eine Visumverlängerung an. »Es gibt Billigflüge in die Türkei mit Hotel und allem Drum und Dran!«, meinte Johnny. »Wenn du über den Flughafen ausreist, bekommst du bestimmt ein dreimonatiges Visum!«

Nur ungern willigte ich ein. Mir war überhaupt nicht nach Urlaub zumute, vor allem nicht ohne meine Familie. Aber Johnny konnte nicht mit und die Kinder hatten Schule. So musste ich wohl oder übel diese drei Tage allein verbringen.

Schon bei der Ausreise hatte ich einen flauen Magen. Mein Visum war bereits abgelaufen. Wochenlang hatte ich auf eine Rückmeldung vom Innenministerium gewartet, doch dann wurde mir mitgeteilt, dass mein Antrag nicht bearbeitet werden würde. Mir blieb nichts anderes übrig, als auszureisen.

»Sie können jetzt fliegen, aber wir lassen Sie nicht mehr ins Land!«

Am Flughafen in Tel Aviv wurde ich lange kontrolliert und befragt. Am Ende sagte mir die Sicherheitsbeamtin: »Sie können jetzt fliegen, aber wir lassen Sie nicht mehr ins Land!«

Panische Angst überfiel mich. Ich fühlte mich, als hätte man mir den Boden unter den Füßen weggezogen. Mein ganzes Leben war in Beit Jala! Was war, wenn ich nicht zurückkehren konnte? Voller Sorgen saß ich im Flugzeug nach Antalya und betete.

Das Hotel war wie ausgestorben und der Regen prasselte unaufhörlich gegen die Fensterscheiben meines Zimmers. Mir war langweilig, aber ich konnte mich nicht auf meine mitgenommenen Bücher konzentrieren. Beim Frühstück und beim Abendessen waren nur wenige Gäste im Speisesaal, alles Pärchen oder kleine Gruppen. Ich war die ganze Zeit allein und konnte mit niemandem reden. Einmal kam die Sonne kurz heraus und ich machte einen kleinen Gang durch die Umgebung.

Der Tag der Rückreise kam und ich zitterte der Passkontrolle entgegen. Doch wie durch ein Wunder wurden mir kaum Fragen gestellt und ich bekam ein Visum für drei Monate. Überglücklich trat ich den Heimweg an.

Die drei Monate vergingen wie im Flug. Noch einmal musste ich mitten in der Intifada ausreisen. Wieder ging es in die Türkei. Wieder wurde mir bei der Ausreise gesagt, dass ich nicht mehr einreisen dürfte. Wieder betete und zitterte ich drei Tage lang in meinem Hotel. Und wieder ging alles besser, als ich gedacht hatte.

Mit einem Sammeltaxi fuhr ich vom Flughafen nach Jerusalem. An einer Straßenkreuzung in Gilo musste ich aussteigen und die restlichen zweihundert Meter bis zum Checkpoint in Bethlehem zu Fuß gehen. Inzwischen war es schon dunkel und mir wurde etwas mulmig, als ich mich auf die verlassene Grenzstation zubewegte. Auf halber Strecke wurde von dem Wachtturm plötzlich ein großer Scheinwerfer auf mich gerichtet. Durch einen Lautsprecher rief mir eine Stimme etwas in Hebräisch zu. Ich verstand nicht, was sie sagte. Vorsichtig ging ich weiter. Doch die Stimme wurde immer eindringlicher: »Back, back!«, rief sie nun.

Ich kehrte um und ging in Richtung Kreuzung. Plötzlich hielt ein Auto neben mir. Der Fahrer drehte die Scheibe herunter und fragte mich, was los sei. Ich erklärte ihm, dass der Checkpoint geschlossen sei, und er bot mir an, mich mitzunehmen. Gemeinsam versuchten wir, auf einem anderen Weg nach Beit Jala zu kommen.

Kurz bevor wir die Stadt erreichten, bemerkten wir vier Panzer. Wie riesige Monster fuhren sie im Schritttempo auf der Straße vor uns. Wir schalteten das Licht aus und stoppten für einen kurzen Augenblick, um mehr Abstand zu gewinnen und unbemerkt zu bleiben. Dann fuhren wir langsam weiter und parkten das Auto auf einem Hof in der Nähe der Grenzstation. Zu Fuß gingen wir über den Checkpoint in die Stadt. Auf der anderen Seite wartete Johnny. Er hatte den wachhabenden Soldaten bereits über unser Kommen informiert und so wurden wir ohne Probleme durchgelassen. Wieder einmal war ich sicher zu Hause angekommen! Gott sei Dank!

Nach der Intifada setzte Johnny meinen Namen bei der Visumverlängerung mit auf die Liste unserer Volontäre. Dadurch bekam ich fünfmal hintereinander ein Jahresvisum. Danach erhielt ich ein Visum als Ehefrau eines Palästinensers, das ebenfalls für ein Jahr gültig war. Endlich wurde das Leben einfacher für mich. Doch meine neu gewonnene Freiheit währte nicht lange. Das Visum für Ausländer aus den palästinensischen Gebieten wurde begrenzt. Ich bekam einen Stempel in den Pass, auf dem stand: »Judea and Samaria only!« Ich durfte also nicht mehr nach Israel und damit auch nicht nach Jerusalem. Aber liegt Jerusalem nicht in Judäa?! Mein Leben wurde immer komplizierter.

»Was ist jetzt?«, schrie mich die Beamtin an. »Unterschreiben Sie das Dokument oder nicht?« Ich hörte ihre Stimme wie aus weiter Ferne. Mir war schlecht vor Angst und ich hatte Kopfschmerzen.

»Nein!«, hörte ich mich plötzlich selber sagen. »Wie kann ich so etwas unterschreiben?«

Es schien, als hätte die Frau nur darauf gewartet. Sie riss mir das Blatt aus der Hand, tippte etwas in ihren Computer, heftete einen Zettel mit der Aufschrift »Visum verweigert« in meinen Pass und gab ihn mir zurück.

Erst jetzt wurde mir bewusst, was hier gerade geschehen war. Ich bekam Panik und bat darum, doch noch unterschreiben zu dürfen. Doch die Beamtin lehnte ab. »Unser Treffen ist hiermit beendet!«, sagte sie streng. Dann rief sie das Wachpersonal und warf uns aus ihrem Büro.

Nun stand ich da und hatte nichts mehr in der Hand. Nach 25 Jahren war ich plötzlich nicht mehr erwünscht. Doch ich konnte das Land auch nicht verlassen. Ich wusste: Wenn ich in dieser Situation ausreise, werde ich nie wieder einreisen können. Das konnte ich nicht riskieren.

Ich nahm mir einen israelischen Anwalt. Er konnte nichts ausrichten und gab nach über einem Jahr auf. Leute mit Beziehungen versuchten, mir zu helfen. Nichts klappte. Ich wartete und betete und ich verstand die Welt nicht mehr. *Hätte ich bloß unterschrieben!,* dachte ich oft. Doch ich konnte die Zeit nicht zurückdrehen.

Nach 25 Jahren war ich plötzlich nicht mehr erwünscht.

Nach diesem Erlebnis blieb ich fast nur noch in der Provinz Bethlehem. Nur selten traute ich mich über die Grenze. Dennoch war ich mir nach wie vor sicher, dass Beit Jala mein Platz von Gott ist. Woanders zu leben, konnte ich mir nicht vorstellen. Immer wieder bat ich Gott, sich um mein Visum kümmern. Doch es geschah nichts. Das Warten auf sein Eingreifen wurde für mich die reinste Zerreißprobe.

Nach dreieinhalb Jahren kam endlich Bewegung in meine Visumsgeschichte. Gott schickte mir einen »Engel«, eine Frau, die sich um meine Angelegenheit kümmerte. Sie erledigte für mich alle notwendigen Formalitäten. Ich erhielt ein Dokument, das es mir erlaubte, innerhalb von zehn Tagen das Land zu verlassen und wieder einzureisen. Die »Engelin« fuhr mit mir an die jordanische Grenze und bereitete mir den Weg. Alles, was ich tun musste, war, über den Jordan zu gehen und zurückzukehren. Und genau das tat ich. Bei der Einreise bekam ich ein Visum für drei Monate in die Hand gedrückt. Endlich! Nach all dieser Zeit konnte ich kaum glauben, dass ich nun wieder legal im Land war. So wurde ich erneut in das System aufgenommen und konnte nach Ablauf der drei Monate eine Visumverlängerung beantragen.

Wieder wurde ich nach Beth El vorgeladen. Diesmal unterschrieb ich, dass ich nicht mehr in die israelischen Gebiete gehen würde, sonst hätte ich erneut kein Visum bekommen. Gleichzeitig gab man mir den Ratschlag, meinen alten Antrag auf Einbürgerung wieder zu aktivieren. In den nächsten zwölf Monaten sollten nämlich zehntausend Personen mit ungeklärtem Status einen palästinensischen Pass erhalten. Das war eine gute Nachricht. Mit einem palästinensischen Pass könnte ich aufgrund meines Alters ohne Probleme die israelischen Gebiete betreten. Ich hätte viel mehr Freiheit als jetzt und niemand könnte mir mehr die Einreise verweigern.

Voller Hoffnung erneuerten wir meine Einbürgerungspapiere und warteten. Im Oktober 2021 wurden die ersten Namenslisten veröffentlicht. Mein Name war nicht dabei. Alle drei bis vier Monate wiederholte sich die Geschichte. Ich hoffte immer umsonst.

Dann hieß es, die letzten Namen für die Einbürgerung würden im Oktober 2022 bekannt gegeben. Doch nichts geschah. Wegen der letzten Terroranschläge legte Israel die Sache erst mal auf Eis.

Ich warte also immer noch und lebe weiterhin von einer Visumverlängerung zur nächsten.

23 ZU VIELE BÄLLE IN DER LUFT

»Wie soll das denn gehen? Ich bin doch keine Buchführerin!« Entschieden wehrte ich mich gegen den Vorschlag meines Mannes, die Finanzbuchhaltung für das Beit Al Liqa' zu übernehmen. Das war definitiv zu viel! Ich hatte schon genügend Aufgaben, die meine Zeit voll und ganz ausfüllten.

Unsere Arbeit war nach der Zweiten Intifada stark gewachsen. Seitdem unsere Kinder aus dem Haus waren, konzentrierte ich mich nur noch auf das Beit Al Liqa'. Meine Hauptaufgabe war und ist die Freundeskreisbetreuung. Ich schreibe regelmäßige Rundbriefe und Gebetsinformationen, Berichte für Zeitschriften und persönliche E-Mails an Spender und Unterstützer. Von Anfang an war es uns wichtig, Menschen konkret über unsere Arbeit zu informieren. Wir wussten, dass wir in einem geistlichen Kampf stehen und Unterstützung im Gebet brauchen. In schweren Zeiten haben uns diese Gebete oft ermutigt und hindurchgetragen. Auch das Finanzielle spielt in unserer Berichterstattung eine Rolle. Als christliches Werk leben wir zum großen Teil von Spenden. Die enge Verbindung zu unserem Freundes- und Unterstützerkreis ist deshalb sehr wichtig. Je mehr die Arbeit wuchs, desto mehr gab es für mich am Schreibtisch zu tun. Wie sollte ich bei all den Aufgaben auch noch die Buchführung übernehmen?

Vor solchen Situationen standen wir immer wieder. Wenn wir für einen Bereich keine Mitarbeiter fanden, sprangen wir selbst kurzfristig ein. Die Arbeit musste weitergehen! So ging es mir dann auch mit der Buchführung, als unsere langjährige Mitarbeiterin ins

Ausland zog. Ich hatte schon einen guten Überblick über unsere Finanzen, aber ich musste das neue Buchführungsprogramm lernen. Dabei half mir unser Buchprüfer. Ich musste alle Fachbegriffe verstehen und Vorgänge in Arabisch nachvollziehen können, von denen ich zuvor keine Ahnung gehabt hatte. Das kostete mich viel Zeit und so manche schlaflose Nacht. Wie froh war ich, als wir nach einigen Monaten eine neue Buchführerin fanden und ich diese Aufgabe abgeben konnte!

Auch außerhalb meines Büros gab es für mich viel zu tun. Ich begleitete jahrelang die Menschen, die im Kinderprogramm mitarbeiteten, und gab mein Wissen und meine Erfahrung weiter. Das war eine sehr schöne Aufgabe. Es machte mir viel Freude, zu sehen, wie sie sich entwickelten. Doch es war extrem schwer, wenn uns Leute, in die wir jahrelang investiert hatten, verließen. Dann mussten wir wieder von vorne anfangen.

Wenn wir für einen Bereich keine Mitarbeiter fanden, sprangen wir kurzfristig ein.

Es ist nicht leicht, geeignete Mitarbeiter für unser Zentrum zu finden, besonders im geistlichen Bereich. Der Anteil der christlichen Bevölkerung unter den Palästinensern beträgt weniger als ein Prozent. Häufig werben christliche Gemeinden und Organisationen sich gegenseitig begabte Mitarbeiter ab. Das hat uns oft traurig gemacht.

Als Arbeitgeber leiden wir auch an der fehlenden Arbeitsmoral in unserem Land. Die gesellschaftliche Prägung hat die Menschen dazu gebracht, mehr an ihre Rechte als an ihre Pflichten zu denken. Wir betonen, dass es uns im Beit Al Liqa' darum geht, durch unsere Arbeit Gott zu dienen und ihm unser Bestes zu geben. Doch nicht jeder teilt unsere Auffassung. Für manche ist ihre Arbeit einfach nur ein Job.

Eine andere Prägung der Gesellschaft ist die Respektlosigkeit. In der Intifada haben die Menschen gelernt, sich gegen alles aufzulehnen und keine Obrigkeit zu akzeptieren. Das wirkt sich bei vielen aufs Verhalten am Arbeitsplatz aus. Es ist schwer, Mitarbeiter zu korrigieren oder zu ermahnen. Sie reagieren häufig negativ und vergreifen sich ihrem Vorgesetzten gegenüber im Ton. Mehrmals haben wir erlebt, dass Mitarbeiter nach einer Konfrontation direkt ihre Kündigung einreichten. Manchmal war es nur ein Druckmittel, um mehr Geld oder mehr Freiheiten zu bekommen, manchmal ernst gemeint. Für uns als Leiter war dieses Verhalten sehr ermüdend.

Doch unter unseren mehr als vierzig Mitarbeitern gibt es auch viele gute Leute. Männer und Frauen, die mit ganzer Hingabe bei der Sache sind. Verantwortungsbewusste, fleißige und dankbare. Manche sind schon viele Jahre bei uns. Andere sind neu und arbeiten sich gerade erst ein.

Nicht nur unsere Mitarbeiterzahl und die Aufgabenbereiche haben zugenommen, auch unser Grundstück ist gewachsen. Es blieb nicht bei den dreitausend Quadratmetern, die wir im Jahr 2000 gekauft haben. Immer wieder kam Land dazu. Heute umfasst unser Grundstück siebentausend Quadratmeter! Dabei haben wir echte Wunder erlebt.

Im Jahr 2006 bot unser Nachbar uns ein Grundstück an, das genau neben unserem Gelände lag. Für uns war es die ideale Erweiterungsmöglichkeit für unsere Arbeit. Doch wir hatten nicht genügend Geld, um das Land zu kaufen. Durch Spenden war zwar schon einiges zusammengekommen, aber es fehlte immer noch eine große Summe.

Eines Tages besuchte uns ein älterer Mann aus England, der früher Leiter einer christlichen Organisation im Heiligen Land gewesen war. Als unser Mitarbeiter und späterer Schwiegersohn

Andres ihn auf dem Gelände herumführte, zeigte er ihm auch das benachbarte Grundstück.

»Wie viel Geld fehlt euch denn noch für den Kauf?«, fragte der zierliche alte Mann.

Andres traute sich kaum, ihm die Summe zu nennen. Was konnte man von diesem unscheinbar wirkenden Mann schon erwarten?

»Ich könnte euch sechzigtausend Dollar spenden«, meinte der Mann. »Würde das reichen?«

Andres traute seinen Ohren kaum. Aufgeregt führte er den Mann in Johnnys Büro. Wir bekamen das Geld und wenige Wochen später konnten wir das Nachbargrundstück kaufen.

Drei Jahre später bauten wir an dieser Stelle ein dreistöckiges Gebäude. In der ersten Etage befindet sich eine hohe Halle mit einer großen Spiellandschaft und einer Cafeteria. Im März 2012 haben wir dort die Friedensarche als Treffpunkt für Jung und Alt eröffnet. Besonders im Winter ist der Indoorspielplatz immer gut besucht, aber auch im Sommer genießen Familien die schöne Atmosphäre in unseren Räumen. Die Spielgeräte haben die Form einer Arche und an den Wänden hängen riesige Tierbilder, die ich gemalt habe. Es ist ein Ort zum Wohlfühlen und zum Verweilen.

Und die Arbeit wuchs noch weiter. Eine amerikanische Organisation spendete uns ein riesiges Zelt als Überdachung für unseren Sportplatz. Es dient nicht nur für Sportaktivitäten, sondern wird auch für Großveranstaltungen genutzt. Später bauten wir ein Innenschwimmbad als Ergänzung für unsere Sportprogramme. Wir erweiterten die Räume der Kindertagesstätte, die jetzt mit knapp hundert Kindern gut gefüllt ist. Die Nachfrage ist so groß, dass wir regelmäßig weitere hundert Kinder auf der Warteliste haben. Unsere wöchentlichen Programme wie Kinder-, Teenager- und Frauenstunden sind immer gut besucht. Der öffentliche Garten ist den ganzen Sommer voller Menschen. Und neben all den verschiedenen Programmen und Aktivitäten gibt es immer irgendeine Baustelle.

Bei all den Bällen, die wir da in der Luft halten mussten, fiel uns häufiger mal einer herunter. Wir hatten wenig Zeit für uns selbst. Das zerrte an unseren Kräften und an unserer Gesundheit. Mein Rheuma, das ich während der Intifada bekommen hatte, beeinträchtigte meinen Alltag oft sehr. Jahrelang betete ich um Heilung, doch nichts geschah.

Man sagte mir, ich müsse mehr glauben. Aber von Gott hörte ich immer nur: »Lass dir an meiner Gnade genügen, denn meine Kraft ist in den Schwachen mächtig! (2. Korinther 12,9)«

Bei all den Bällen, die wir da in der Luft halten mussten, fiel uns häufiger mal einer herunter.

Er wollte, dass ich mich ganz auf ihn verlasse und meine Zufriedenheit nicht von meiner Gesundheit abhängig mache. Mit der Zeit lernte ich, mit der Krankheit zu leben und die Rheumamedikamente dankbar aus Gottes Hand anzunehmen. Und ich lernte, dankbar für die schmerzfreien Tage zu sein, an denen ich mein Leben genießen kann.

Auch unsere Ehe und Familie kamen zu kurz. Alles drehte sich nur um das Beit Al Liqa'. Wir hatten wenig Freizeit, kaum Urlaub und viel zu wenig Privatleben. Die vielen Verantwortungen und Aufgaben rieben uns auf. Immer häufiger waren Johnny und ich in Arbeitsfragen unterschiedlicher Meinung. Oft reagierte er dabei deutscher als ich, vor allem im Umgang mit den Mitarbeitern, und das führte zu Konflikten zwischen uns.

Häufig wurde ich von Mitarbeitern oder unseren Kindern gebeten, zwischen ihnen und meinem Mann zu vermitteln. Das war nicht gut für unsere Ehe und führte dazu, dass die Kluft zwischen Johnny und mir immer größer wurde. Manchmal waren wir so müde von all den Konflikten, dass wir uns lieber aus dem Weg gingen. In anderen Situationen prallten wir frontal aufeinander und alles verschlechterte sich noch. Irgendwann endeten wir im Burn-out und in absoluter Frustration.

In dieser Zeit hatte ich kaum noch Hoffnung für unsere Ehe. Doch tief in meinem Herzen wusste ich, dass ich niemals aufgeben würde. Ich wusste, dass Gott uns zusammengeführt hatte und dass er uns festhielt. Durch unsere größte Krise trug er uns auf seinen Armen. Und er segnete uns weiter, auch wenn ich mich oft unwürdig fühlte, seinen Segen überhaupt noch zu empfangen. Er heilte unsere Wunden und setzte Zerbrochenes wieder zusammen. Er schenkte uns Vergebung. Er ließ neues Vertrauen und neue Liebe wachsen.

In jeder Ehe kommen Schwierigkeiten und schwere Zeiten. Ohne das Fundament, das wir durch unseren gemeinsamen Glauben an Jesus Christus haben, hätten wir es nicht geschafft. Auch heute sind wir kein perfektes Ehepaar. Aber wir haben vieles gelernt und wir genießen unser gemeinsames Leben mehr, als wir es früher getan haben.

24 EIN ZUHAUSE FERN DER HEIMAT

Ein leichter Wind wehte an diesem Novembermorgen. Ich stand auf dem Ölberg und lauschte den Ausführungen eines Reiseführers. Was für ein Vorrecht, in diesem Land leben zu dürfen! Und was für ein Glück, endlich mehr von den biblischen Stätten zu sehen und erklärt zu bekommen! Noch einen Augenblick verweilte ich an dieser Stelle und genoss die Aussicht. Dann folgte ich der Gruppe, die sich bereits in Bewegung gesetzt hatte.

Gemeinsam gingen wir den schmalen Pfad hinunter bis zu dem Gelände der Kirche Dominus Flevit. Von dort hat man einen wunderschönen Blick auf die Altstadt von Jerusalem. Ich stellte mir vor, wie Jesus an dieser Stelle saß und über seine geliebte Stadt weinte.

»Komm, wir machen ein Selfie!«, hörte ich Christophs Stimme neben mir.

»Ja, gerne!«, meinte ich erfreut, als wir uns vor dem Panorama positionierten.

Es war wirklich eine gute Idee von unserem Freund Christoph Zehendner gewesen, diese Freizeit im Beit Al Liqa' anzubieten. »Stiller Start in den Advent« nannten wir die Woche mit dem besonderen Programm. Kurz vor Beginn des Weihnachtstrubels sollte diese Zeit dazu dienen, zur Ruhe zu kommen und vor dem langen Winter in Deutschland noch ein wenig Sonne zu tanken. Dafür hatten wir ein etwas stilleres Ausflugsprogramm ausgearbeitet. Ohne Hektik und Zeitdruck besuchten wir Orte in Jerusalem, erkundeten die nähere Umgebung und genossen erholsame Stunden am Toten Meer.

Eine besondere Erfahrung waren unsere Wüstentouren. Wir tranken Tee im Beduinenzelt, nahmen uns Zeit zur persönlichen Stille und fuhren mit Jeeps zu einem atemberaubenden Ausblick. An den Abenden gestaltete Christoph das Programm, indem der uns durch seine Lieder und Worte in die Stille führte.

Auch hier im Garten dieser berühmten »Tränenkirche« öffneten seine Ausführungen mir das Herz. Als er zur Gitarre griff und sein Lied »Friede dir, Jerusalem« sang, war das Gänsehaut pur!

Solche besonderen Momente sollte es beim »Stillen Start« noch einige geben. Da waren beispielsweise die Andacht in der Schlucht Wadi Al Qelt mit Michael Fitz, die intensiven Konzertabende mit Manfred Siebald und das Lied »Er lebt« von Jürgen Werth, das er für uns am Gartengrab sang. Vor allem aber berührten mich die tiefen Begegnungen mit Teilnehmern. Durch diese Freizeiten entstanden wunderbare Freundschaften, die mir guttaten und mein Leben bereicherten.

Von Anfang an gehörte ein Gästehaus zum Gesamtplan unseres Zentrums. Wir wollten ein christliches Schulungs- und Freizeitzentrum sein. Einheimische Gemeinden und Organisationen sollten die Möglichkeit haben, Konferenzen und Freizeiten bei uns durchzuführen. Außerdem sollte unser Haus ausländischen Reisegruppen offenstehen, die neben der israelischen Seite auch die palästinensischen Gebiete kennenlernen wollten. So entstand im Laufe der Jahre ein Gästehaus mit insgesamt 41 Zimmern.

Die meisten unserer Gäste kommen aus Deutschland. Für viele ist das Beit Al Liqa' ein Zuhause fern der Heimat geworden. Sie fühlen sich wohl in der freundlichen Atmosphäre unseres Hauses, genießen das leckere Essen, das unser Sohn Shady kocht, der nach seiner Ausbildung bei uns die Küche übernommen hat, und freuen sich, dass man bei uns so viele nette Leute trifft. Dabei gibt es immer wieder Gelegenheiten, in unsere Arbeit hineinzuschnuppern oder

Begegnungen mit Einheimischen zu haben. Gerne erzählen wir unseren Besuchern die Geschichte von der Entstehung des Beit Al Liqa'. Wir teilen mit ihnen den besonderen Segen, den Gott uns in all den Jahren geschenkt hat. Und ganz nebenbei finanzieren wir durch das Gästehaus einen großen Teil unserer geistlichen Arbeit.

25 GOTTES ZWANGS-PAUSEN FÜR MICH

»Oh Gott, nicht schon wieder!« Verzweifelt und voller Schmerzen lag ich da und konnte es nicht fassen. War das Gottes Antwort auf meine Bitte um mehr Zeit? Ich wollte Ruhe zum Schreiben, aber mir schwebte eher ein kreativer Urlaub vor und nicht ein Krankenhausaufenthalt. Doch gerade brachte mich ein Krankenwagen in das kleine Krankenhaus am Rande von Bethlehem. Mir war, als hätte ich ein Déjà-vu. Ich hatte mir schon wieder das Bein gebrochen.

Nur eineinhalb Jahre zuvor hatte ich fast dasselbe erlebt. Es war Sonntag, der 24. November 2019. Eifrig waren wir dabei, die letzten Vorbereitungen für den »Stillen Start in den Advent« zu treffen. In weniger als zwei Stunden erwarteten wir die ersten Besucher. Diesmal war der bekannte Theologe und Schriftsteller Ulrich Parzany unser prominenter Gast. Für die musikalische Leitung hatten wir den Komponisten und Musiker Hans-Werner Scharnowski eingeladen. Wir alle waren gespannt auf die vor uns liegende Woche.

Unsere deutsche Mitarbeiterin Maike war bereits aus Berlin angereist und arbeitete an meinem Schreibtisch. »Ich mache mal eben eine kurze Pause, bevor die ersten Gäste kommen«, ließ ich sie wissen.

»Alles klar. Ich halte hier die Stellung!«, antwortete sie. Ich war so froh, dass Maike da war. Ohne sie hätte ich die ganze Arbeit nicht geschafft. Bevor ich mit dem Aufzug in unsere Wohnung fuhr, schaute ich noch kurz im Speisesaal vorbei.

»Alles klar bei euch?«, fragte ich die Mitarbeiter, die gerade dabei waren, die Tische einzudecken. Sie nickten. »Aber die Papiersets nehmen wir bei dieser Freizeit nicht!«, wies ich sie an. »Wir haben doch die schönen Stoffdecken. Die passen viel besser zu der Weihnachtsdekoration. Amira hat sie heute Morgen gebügelt. Ich hole sie euch eben schnell.« Mit diesen Worten stieg ich in den Aufzug und fuhr in den Bügelraum in der untersten Etage.

Als ich wieder hochkam, hatte einer der Mitarbeiter eine Packung Getränkedosen genau vor die Aufzugtür gestellt. Ich konnte sie aber nicht sehen, weil ich einen großen Stapel Tischsets trug. Beim Aussteigen blieb ich mit einem Fuß an der Packung hängen, mein Bein verdrehte sich und noch im Fallen hörte ich es zweimal knacken. Da lag ich nun am Boden und hatte entsetzliche Schmerzen. Sofort scharten sich einige Mitarbeiter um mich. Johnny kam dazu und rief einen Krankenwagen.

Ich wurde in ein Krankenhaus gebracht, das etwa vier Kilometer entfernt war. Auf der Fahrt dorthin gab es unendlich viele Bremsschwellen und Schlaglöcher, die ich zuvor noch nie so wahrgenommen hatte. Nun aber bedeutete jede Unebenheit auf der Straße für mich große Schmerzen. In der Notaufnahme wurde mir bestätigt, dass beide Unterschenkelknochen meines linken Beines gebrochen waren. Ich wurde in ein Zimmer gebracht und mein Bein wurde provisorisch gerichtet und stabilisiert. Am nächsten Morgen sollte es operiert werden.

Da lag ich nun am Boden und hatte entsetzliche Schmerzen.

Damit hatte ich nicht gerechnet! Ich dachte, ich würde einen Gips bekommen, könnte dann nach Hause fahren und wäre zur ersten Abendveranstaltung vom »Stillen Start« zurück. Doch da hatte ich mich gründlich geirrt! Vorläufig war ich stillgelegt und es dauerte eine ganze Weile, bis ich wieder auf die Beine kam.

Die Operation verlief gut. Ich bekam eine Schiene aus Platin eingesetzt und einen Gipsverband. Nach drei Tagen durfte ich das

Krankenhaus im Rollstuhl verlassen. Vom »Stillen Start« bekam ich außer den Abenden wenig mit. Ich musste viel liegen, hatte Schmerzen und war bei jeder Kleinigkeit auf Hilfe angewiesen. Wochenlang saß ich im Rollstuhl und lernte mithilfe von Physiotherapie nur langsam wieder gehen.

Trotz der Verletzung versuchte ich, meine Arbeit so gut es ging, zu erledigen. Aber es lief alles etwas langsamer und ich brauchte mehr Pausen.

Das kommt davon, wenn man immer so rennt!, dachte ich manchmal. Hatte ich in letzter Zeit nicht ständig das Gefühl gehabt, dass ich nur noch am Hetzen bin? Und hatte ich mir nicht oft gewünscht, alles ein bisschen ruhiger angehen zu können? Jetzt war ich gezwungen, langsamer machen. Hatte Gott mich ausgebremst, weil ich dringend eine Auszeit brauchte? Vielleicht, aber so hatte ich mir das nicht vorgestellt!

Die Monate vergingen und irgendwann stand ich wieder auf beiden Beinen. Der Alltag und die Routine in unserem Zentrum holten mich schnell ein. Es wurde wärmer und die ersten Reisegruppen kamen. Beunruhigende Nachrichten über einen Virus aus Wuhan machten die Runde, aber das alles schien noch weit weg, obwohl es in Israel bereits erste Fälle gab.

Anfang März waren einige alte Freunde und Bekannte mit einer Gruppe bei uns und wir verbrachten viel Zeit mit ihnen. Am letzten Abend saßen wir gemütlich in der Lounge, als Johnny dazukam.

»Ich fühle mich nicht gut«, flüsterte er mir zu. »Ich glaube, ich werde krank.«

»Hast du etwa Corona?«, fragte ich scherzend.

»Nein«, erwiderte Johnny lachend, »es ist bestimmt nur eine kleine Grippe.«

Am nächsten Morgen ging es ihm besser und wir verabschiedeten die Gruppe sehr intensiv und herzlich. Als sie gerade weg war, bekamen wir einen Anruf von einem Mitarbeiter, der uns erzählte: »In dem Hotel, in dem meine Schwester arbeitet, ist Corona ausgebrochen. Ich denke, es ist besser, wenn ich vorsichtshalber zu Hause bleibe. Was meinst ihr?«

»Auf jeden Fall!«, antwortete Johnny. »Bleib zu Hause und mach einen Corona-Test!« Bei uns war es damals schon möglich, sich bei einem Verdacht testen zu lassen.

Das war der Anfang einer langen Geschichte. Sofort informierten wir die Reisegruppe, die daraufhin ihre Tour vorzeitig beendete und nach Deutschland flog. Später stellte sich heraus, dass sich fast alle Teilnehmer infiziert hatten. Es war für uns alle eine unfassbare Situation.

An den darauffolgenden Tagen kam das Gesundheitsministerium mehrfach zu uns, um Corona-Tests zu machen. Johnny war tatsächlich positiv und zwölf weitere Mitarbeiter auch, in einer Zeit, in der im ganzen Land noch keine fünfzig Fälle bekannt waren. Ich wurde krank und war mir sicher, dass ich mich bei Johnny angesteckt hatte. Doch mein Test war negativ. Als mein Zustand sich verschlechterte, ließ ich mich noch einmal testen und diesmal war das Ergebnis positiv.

Ich dachte: *Das wird schon wieder. Ein paar Tage Bettruhe und dann ist alles gut.* Aber dem war nicht so. Es ging mir immer schlechter. Ich hatte hohes Fieber, schreckliche Gliederschmerzen und fühlte mich fürchterlich schwach. Mein Mann fragte mich mehrmals, ob ich nicht ins Krankenhaus möchte. Doch ich wollte nicht. Ich konnte mir nicht vorstellen, dass sie in der Corona-Station in Bethlehem wissen würden, was zu tun ist. Aber Johnny hatte an ein Krankenhaus in Israel gedacht, nicht an eines in den palästinensischen Gebieten.

> Ich hatte hohes Fieber, schreckliche Gliederschmerzen und fühlte mich fürchterlich schwach.

»Das kann ich nicht machen. Ich habe doch kein Visum!«, war meine Antwort. Außerdem dachte ich immer noch, dass ich die Krankheit mit Schmerztabletten und viel Schlaf überwinden würde. Nach knapp einer Woche konnte ich nicht mehr und entschied, mich ins Krankenhaus bringen zu lassen.

Inzwischen hatte Johnny mit einer israelischen Beamtin gesprochen, die ihm ihre Hilfe angeboten hatte. »Vergiss das Visumproblem deiner Frau. Ich organisiere für sie, dass sie in ein israelisches Krankenhaus kommt!«, beruhigte sie Johnny.

Noch am selben Abend holte mich ein palästinensischer Krankenwagen zu Hause ab und brachte mich an den Checkpoint. Hier sollte mich ein israelischer Krankenwagen übernehmen. Doch der Krankenwagen kam nicht. Ich saß in einem Ganzkörperschutzanzug aus Plastik hinten im Krankenwagen. Zuerst schwitzte ich und dann wurde mir furchtbar kalt. Ich fühlte mich schrecklich. Die palästinensischen Sanitäter hatten keine Lust mehr, zu warten, und meckerten die ganze Zeit.

»Wir stehen immer noch am Checkpoint!«, teilte ich Johnny telefonisch mit.

Er machte einige Telefonate und rief mich zurück. »Der Krankenwagen ist schon unterwegs!«, beruhigte er mich. »Es kann nicht mehr lange dauern.«

Nach knapp zwei Stunden meinten die Sanitäter: »Wir bringen Sie jetzt nach Bethlehem.«

»Was heißt Bethlehem?«, wollte ich wissen.

»Wir bringen Sie in die Corona-Station nach Bethlehem! Nach Hause dürfen wir Sie nicht bringen!«

Doch ich wollte nicht in diese Station. Ich wollte in das Krankenhaus nach Tel Aviv. Nach zweieinhalb Stunden Wartezeit erschien endlich der israelische Krankenwagen. Es stellte sich heraus, dass die Übergabe von palästinensischer Seite nicht richtig organisiert worden war, daher die Verspätung.

Mitten in der Nacht kam ich im Krankenhaus Tel HaShomer an. Ich wurde in ein Einzelzimmer gebracht und untersucht. Als ich den Schutzanzug auszog, war ich klitschnass und zitterte vor Kälte. Ich zog mich um und bekam sofort eine Infusion. Die Ärzte waren sehr freundlich und ich fühlte mich vom ersten Augenblick an gut aufgehoben. Sofort wurden meine Rheumamedikamente abgesetzt, da sie mein Immunsystem extrem schwächten. Dafür bekam ich Cortison in hoher Dosierung. Trotzdem ging es in der ersten Woche eigentlich nur bergab.

Eines Nachts ging es mir so schlecht, dass ich den Notknopf betätigte. Es dauerte ein bisschen, bis zwei Ärzte in Schutzkleidung zu mir hereinkamen. Die ganze Zeit über hatte ich *»Es wird alles gut. Sie werden wieder gesund!«* hohes Fieber und Erbrechen und meine Atmung war sehr schwer. Wenn ich nur kurz zur Toilette ging, bekam ich kaum noch Luft. Selbst das Sprechen tat mir weh und löste einen ständigen Hustenreiz aus. Ich fühlte mich am Ende meiner Kräfte.

Wenn das so weitergeht, dann möchte ich lieber heute sterben als morgen!, dachte ich.

Doch eine junge israelische Ärztin sagte mir: »Es wird alles gut. Sie werden wieder gesund!« Das war unglaublich tröstlich für mich. Niemals werde ich diesen Augenblick vergessen.

In Wirklichkeit war mein Leben nicht in Gefahr. Ich musste auch nicht beatmet werden. Trotzdem hatte ich das Gefühl, dass es zu Ende geht. Aber das war, Gott sei Dank, nur ein Gefühl. Es wurde wieder besser, so wie die Ärztin es gesagt hatte.

Unterdessen schickte unsere Mitarbeiterin Maike Rundmails an unseren Freundeskreis, um über meinen Zustand zu informieren. Ich bekam viele Rückmeldungen, die mir zeigten, dass ich nicht allein war. Hunderte von Menschen beteten für mich. Viele Freunde meldeten sich über WhatsApp oder riefen mich an. Ich fühlte mich getragen und umsorgt. Das war eine sehr wertvolle Erfahrung für mich.

Nach sechzehn Tagen in der Corona-Station in Tel HaShomer wurde ich zum zweiten Mal negativ auf das Virus getestet und durfte nach Hause. Am späten Abend fuhr mich ein Taxi bis zu dem Checkpoint, an dem ich in den israelischen Krankenwagen gestiegen war. Auf der anderen Seite holte mich ein arabisches Taxi ab.

Beit Jala war menschenleer. Wir kamen an zwei palästinensischen Corona-Checkpoints vorbei. Überall war man über mein Kommen informiert und ließ mich durch. Direkt vor dem Tor des Beit Al Liqa' stand eine Wache, die Tag und Nacht aufpasste, dass niemand unser Gelände betrat oder verließ.

Unser Zentrum war zur Gefahrenzone erklärt worden. Man behandelte uns, als wären wir schuld, dass das Virus in unsere Stadt gekommen war. Im lokalen Radio wurde über uns gesprochen. Als ich nach Hause kam, berichteten sie: »Wir verkünden, dass die deutsche Frau aus Beit Jala wieder gesund ist und aus dem Krankenhaus entlassen wurde!«

Doch als ich nach Hause kam, waren Johnny und auch unsere schwangere Tochter Melody immer noch Corona-positiv. Über sechzig Tage waren sie in Quarantäne. Das Beit Al Liqa' wurde zur Corona-Station. Für einige Wochen nahmen wir zwei Mitarbeiter und drei weitere Corona-Patienten auf, die sich in unserem Haus auskurierten.

Bis ich wieder ganz gesund war, dauerte es noch. Ich hatte lange Atemprobleme und war sehr kraftlos. Die Arbeit lief erst einmal auf Sparflamme. Obwohl die Zahl der Infizierten im Herbst immer mehr stieg, waren die Menschen nicht mehr so ängstlich wie zu

Beginn der Corona-Zeit im März. Wir konnten das Beit Al Liqa' mit gewissen Sicherheitsmaßnahmen wieder öffnen und all unsere Arbeitsbereiche fast normal weiterführen. Nur das Gästehaus blieb geschlossen, solange keine Touristen ins Land gelassen wurden.

Im Nachhinein haben mir Gottes Zwangspausen gutgetan. Mein Leben ist ruhiger geworden. Ich habe gelernt, Aufgaben abzugeben und mehr Zeit für mich und meine Familie zu haben. Ich lebe bewusster und versuche, mich nicht mehr von der Arbeit treiben zu lassen. Besonders nach meinem zweiten Beinbruch bin ich für jeden Tag dankbar, an dem ich gesund bin und mein Leben genießen kann.

26 IN DER HÖHLE DER LÖWEN

»Ich wurde vorgeladen. Heute Abend um 18 Uhr muss ich bei der Kriminalpolizei sein!« Aufgeregt erzählte ich meinem Bruder in Deutschland per Videocall von dem Telefonanruf, den ich erhalten hatte. »Wenn ich mich heute nicht mehr bei dir melde, dann bin ich auch im Gefängnis!«

Einen Augenblick lang hielt er inne. Dann sah er mich mit dem verschmitzten Lächeln an, das ich so an ihm liebe, und antwortete: »Dann denk aber daran, um Mitternacht ist Lobpreis angesagt!«

Ich prustete los: »Das ist genau das Richtige! Genau das werde ich tun, wenn sie mich einsperren.«

Und noch etwas gab er mir mit auf den Weg: »Denk daran, der Löwe in dir ist stärker als der, der vor dir steht!«

Immer noch lachend beendete ich das WhatsApp-Gespräch und stimmte das erste Lobpreislied an, das mir in den Sinn kam: »Großer Gott, wir loben dich« von Ignaz Franz. *Noch eine Stunde bis zu meinem Verhör. Ich muss unbedingt etwas tun, damit die Zeit schneller vergeht!,* dachte ich. Laut singend ging ich in mein Atelier und setzte mich vor die halb fertige Leinwand auf meiner Staffelei.

Ich nahm meine Farben zur Hand und mischte auf meiner Palette ein sattes Dunkelgrün. Dann stellte ich meine Liederschatz-Playlist auf Lautsprecher und drückte auf »zufällig«. Und welches Lied kam als Erstes? Ausgerechnet »Großer Gott, wir loben dich«!

Singend und betend saß ich vor meinem aktuellen Kunstwerk und malte das Gras im Vordergrund des Sees Genezareth. Die Farben des Sonnenuntergangs wirkten beruhigend auf mich. Im Geiste sah ich Jesus dort mit mir am Ufer sitzen. Gemeinsam bewunderten wir das Farbenspiel am Himmel. Seine Gegenwart machte mich stark.

»Wenn sich die Sonn' verhüllt, der Löwe um mich brüllt, so weiß ich auch in finstrer Nacht, dass Jesus mich bewacht«, klang das Lied »Solang mein Jesus lebt« von Ernst Heinrich Gebhardt durch den Raum.

»Ganz genau«, sagte ich zu mir selbst. »Der Löwe kann mir nichts anhaben. Jesus ist bei mir!«

Nun hatte ich keine Angst mehr vor dem Gang, der vor mir lag. Ich stand auf und wusch meinen Pinsel aus. Es war Zeit, mich auf den Weg zu machen.

Ich konnte immer noch nicht fassen, dass Johnny im Gefängnis war. Die Ereignisse hatten sich überschlagen seit dem Tag, an dem ein ungebetener Gast unser Zentrum besucht hatte. Nie zuvor hatte mein Mann den Namen Yehuda Glick gehört, doch weil eine deutsche Reisegruppe ihn eingeladen hatte, begrüßte er ihn freundlich, wie jeden Besucher. Er unterbrach seinen Vortrag und ließ diesen religiös gekleideten Mann zu Wort kommen. Und der hörte nicht mehr auf zu reden.

> »Der Löwe kann mir nichts anhaben. Jesus ist bei mir!«

Johnny war müde nach dem langen Tag. Es fiel ihm schwer, sich zu konzentrieren und sich wach zu halten. Wie froh war er, als der Abend endlich beendet wurde und er sich zurückziehen konnte.

»Wir möchten noch ein Foto machen!«, rief der Gruppenleiter durch den Raum. »Johnny, kommst du bitte auch dazu?« Selbstverständlich tat er das. Jetzt nur noch ein kurzes Foto und dann nichts wie ins Bett!

»Hey, Johnny. Lass uns ein Selfie machen!« Yehuda Glick stellte sich neben ihn und forderte ihn auf, in die Kamera zu lächeln.

»Warum nicht?«, antwortete Johnny und schon hatte es »klick« gemacht.

Am nächsten Morgen entdeckte ein palästinensischer Journalist das Foto auf der Facebook-Seite von Yehuda Glick. In Windeseile verbreitete es sich im Netz. Sofort brach eine Lawine der Entrüstung über uns herein. Wir erhielten unzählige Hasskommentare und Morddrohungen. Polizei und Geheimdienst kamen in unser Zentrum. Johnny, der das Schlimmste befürchtete, hatte sich in unsere Wohnung zurückgezogen. Ein paar Männer waren ihm gefolgt und saßen mit ihm im Wohnzimmer.

»Du musst mit zur Polizeistation kommen, damit wir deine Aussage aufnehmen können«, redeten die Polizisten auf ihn ein.

»Tu das nicht!«, rieten ihm einige Freunde.

»Ich verbürge mich mit meinem Leben dafür, dass du in einer halben Stunde wieder zu Hause bist!«, versprach ihm der Leiter einer christlichen Behörde.

»Geh nicht!«, rief ich Johnny aus der Küche zu. Dann stand die ganze Mannschaft plötzlich auf und ging an mir vorbei in Richtung Ausgang. Wie gelähmt blieb ich an der Tür stehen und brachte kein Wort über die Lippen. Warum hörte Johnny nicht auf mich?

»Geh nicht!«, rief ich Johnny zu.

Auf der Polizeistation wurde Johnny bis nach Mitternacht verhört. Immer wieder wurden ihm dieselben Fragen gestellt. Dann wurde er in einen kleinen Kellerraum von knapp zehn Quadratmetern gesperrt, in dem schon elf weitere Gefangene waren. Nur zwei Etagenbetten gab es hier. Wer keinen Platz darin fand, dem blieb nur eine schmale Matratze auf dem kalten Boden.

Durch das winzige vergitterte Fenster unter der Decke fiel kein Tageslicht in die Zelle. Es konnte zwar geöffnet werden, sodass etwas frische Luft hereinkam, aber bei Regen musste man es schließen, um nicht nass zu werden.

Das »Badezimmer« war ein kleiner Raum, in dem man sich gerade mal umdrehen konnte. Nur durch einen Vorhang war er von der

Zelle getrennt. Auf dem Boden gab es ein übel riechendes verdrecktes Loch, das als Toilette diente. Auf halber Höhe schaute ein Rohr aus der Wand, aus dem zweimal in der Woche warmes Wasser zum Duschen kam. Der Spiegel über dem kleinen Waschbecken war so schmutzig, dass man sich nicht darin sehen konnte. Das Essen war schrecklich, wenig abwechslungsreich und nicht genug. Meistens gab es nur etwas Brot mit Humus oder Reis.

Drei- bis viermal am Tag wurde Johnny zum Verhör in das Bürogebäude gebracht. Dort saß er stundenlang auf einem Stuhl und ein Beamter nach dem anderen befragte ihn. »Du bist ein Verräter! Ein Freund unseres größten Feindes!«, wurde ihm vorgehalten.

»Ich kenne diesen Mann überhaupt nicht. Ich habe ihn nie zuvor gesehen. Hätte ich gewusst, dass er ein Extremist ist, der für viele Gewalttaten und Blutvergießen verantwortlich ist, hätte ich ihn nicht in mein Haus gelassen!«

Schon einige unserer Mitarbeiter waren zu dem Vorfall befragt worden. Manche wurden schlecht behandelt und bis tief in die Nacht verhört. Nun war ich an der Reihe. Mir war ganz schön mulmig zumute. Aber ich hoffte auch, dass ich Johnny sehen konnte. Eine Woche war er nun schon in Untersuchungshaft und wir hatten keinen Kontakt zu ihm. Wir wussten nicht, wie es ihm ging. Durften ihn nicht besuchen. Nur frische Wäsche konnten wir für ihn abgeben. Würde ich ihn heute endlich sehen können?

Nach wenigen Minuten Autofahrt kamen wir auf der Polizeistation in Bethlehem an. Unser Schwiegersohn Andres begleitete mich. »Wenn du etwas nicht verstehst, kann ich für dich übersetzen!«, bot er mir an. Ich war dankbar, dass er bei mir war.

Wir betraten das schäbige Gebäude und gingen den dunklen Flur entlang. In einem kleinen Büro befahl man uns, zu warten. *Was für ein Arbeitsplatz!*, dachte ich. Die Schreibtische waren verstaubt, der Schrank in der Ecke brach fast zusammen. Eine Wand war mit einem blauen PVC-Belag »verschönert«. Eine dicke Qualmwolke zog durch den Raum. Sie ging von dem Polizisten aus, der uns gegenübersaß und an seinem Handy spielte.

Nach einer gefühlten Ewigkeit wurden wir in das Nachbarbüro gerufen. Hier warteten drei Beamte auf uns. Alle mit Glimmstängel. Der Polizist am Computer führte das Verhör. Es war der Mohammed, der mich am Nachmittag angerufen und herzitiert hatte.

»Ich möchte meinen Mann sehen!«, erklärte ich, bevor er mit dem Verhör beginnen konnte.

»Da muss ich meinen Vorgesetzten fragen«, antwortete er und griff zum Telefon.

»Man sagt uns Bescheid«, informierte er mich und begann mit der Befragung. Wer ich sei und was ich im Beit Al Liqa' tue, wollte er wissen. Ob ich Yehuda Glick kenne und was an jenem Abend passiert sei, waren weitere Fragen.

»Ich war nicht dabei«, antwortete ich. »Ich habe zusammen mit meinem Mann an dem Abendessen der Gruppe teilgenommen und bin dann nach Hause gegangen!«

»Und was halten Sie von Yehuda Glick?«, wollte der Polizist wissen.

»Ich verabscheue jegliche Form von Gewalt. Mit Menschen, die Gewalt ausüben, möchte ich nichts zu tun haben!«

»Und was sagen Sie zu dem gesamten politischen Problem? Sind da immer nur wir Palästinenser schuld oder möglicherweise auch die Juden?«

Ich lehnte mich ein wenig vor und spürte, wie der Löwe in mir die Antwort übernahm: »Das Einzige, was ich dazu sagen kann, ist: Wer keinen Frieden im Herzen hat, der kann auch nicht in Frieden mit anderen Menschen leben.«

Sichtlich bewegt hielt Mohammed für einen Augenblick inne, bevor er meine Aussage in den Computer tippte. Wie stark mich der Löwe doch gemacht hatte! Ohne Angst konnte ich alle Fragen beantworten und brauchte kaum Hilfe von Andres. Jetzt, am Ende des Verhörs, war ich sogar so mutig, dass ich sagte: »Es tut mir leid, aber ich halte das hier nicht mehr aus. Ich habe schon wahnsinnige Kopfschmerzen von dem ganzen Rauch!«

Schnell machten die Polizisten ihre Zigaretten aus und entschuldigten sich bei mir. Einer von ihnen stand auf und öffnete ein Fenster. Die kühle Abendluft tat mir gut.

Ich lehnte mich ein wenig vor und spürte, wie der Löwe in mir die Antwort übernahm.

Erleichtert lehnte ich mich zurück und wartete darauf, dass meine Aussage ausgedruckt wurde.

»Darf ich jetzt meinen Mann sehen?«, fragte ich Mohammed.

Er telefonierte noch einmal und schüttelte dann den Kopf. Enttäuscht lehnte ich mich zurück. Die ganze Zeit hatte ich auf diesen Augenblick gewartet. Ich wusste, dass Johnny mich brauchte. Eine kurze Umarmung, ein ermutigendes Wort, wie viel Kraft hätte ihm das gegeben? Ich war nur ein paar Meter von ihm entfernt, aber man ließ mich nicht zu ihm. Tiefe Traurigkeit breitete sich in mir aus.

»Darf ich jetzt gehen?«, erkundigte ich mich bei Mohammed, während ich das Protokoll des Verhörs unterschrieb.

»Ja, selbstverständlich. Wir halten Sie nicht fest!«, kam die Antwort.

Wie gut. Danke, Herr!, betete ich im Stillen. Ich hatte auch nicht erwartet, dass ich ins Gefängnis komme. *Aber Lobpreis gibt es bei mir heute Abend trotzdem!* Bei diesem Gedanken musste ich innerlich schmunzeln.

Doch das Lachen und der Lobpreis sollten mir noch gründlich vergehen. Die Tage verstrichen nur langsam. Immer noch durften wir Johnny nicht besuchen. Als wir es einmal trotzdem versuchten, sah ich ihn in einem Verhörzimmer etwa sechs Meter entfernt von mir hinter einer Scheibe sitzen. Mein Herz bebte vor Aufregung. Ohne nachzudenken, winkte ich ihm zu.

Das Lachen und der Lobpreis sollten mir noch gründlich vergehen.

»Lass das lieber«, ermahnte mich unser Sohn Shady, »sonst schmeißen die uns hier gleich raus!«

Und tatsächlich, ein Polizist hatte unsere kleine Interaktion bemerkt und befahl mir, mich auf eine Bank zu setzen, von der aus man keinen Blick in die Büros hatte. Hier wartete ich nun, während Shady am Schalter gegenüber mit einem Polizisten diskutierte.

Plötzlich kam er zurück und sagte: »Komm, wir gehen. Der macht hier gerade ein riesiges Theater! Es ist besser, wir verschwinden!«

Als Shady einen Tag später frische Kleidung für seinen Vater abgab, konnte er ihn kurz durch ein kleines Fenster sehen und zwei Sätze mit ihm wechseln. Das war alles. Sonst wussten wir nichts von ihm. Wir konnten uns nicht vorstellen, was dort im Gefängnis vor sich ging. Doch wir ahnten, dass Johnny sehr deprimiert und am Ende seiner Kräfte war.

Währenddessen wurde der Druck auf unsere Arbeit immer stärker. Sofort nachdem Johnny inhaftiert worden war, schloss das Innenministerium unser Zentrum für eine Woche. Vor unseren Toren standen Militärautos. Niemand durfte rein oder raus. Shady und ich waren allein im ganzen Haus.

Am späten Abend bekam Shady einen Anruf vom Geheimdienst. »Bleibt von den Fenstern weg!«, riet ihm ein Mann am Telefon. Kurz darauf durchbrach ein Fahrzeug die Polizeisperre vor unserem unteren Tor und feuerte einige Schüsse in unsere Richtung ab. Am nächsten Morgen untersuchte die Polizei, ob unser Gebäude beschädigt worden war, doch sie fanden keine Einschusslöcher.

Für den Nachmittag wurde in den sozialen Medien zu einer Demonstration gegen das Beit Al Liqa' aufgerufen.

»Wie wird das wohl werden?«, fragte ich mich voller Sorge. »Was, wenn Bewaffnete erscheinen, sie wieder auf uns schießen oder vielleicht sogar ins Haus eindringen?«

»Willst du nicht zu uns herüberkommen?«, fragte mich Melissa, die mit ihrer Familie gleich nebenan wohnte.

»Ich komme klar. Mach dir keine Sorgen!«, antwortete ich.

Der Nachmittag kam und mit ihm eine gewaltige Kaltfront. Es regnete und hagelte wie aus Eimern. Die Stunden vergingen und kein Demonstrant ließ sich blicken. Gott hatte das Wetter benutzt, um unsere Gegner fernzuhalten. Es war ein Wunder!

Unterdessen versuchte unser Anwalt alles, um Johnny aus dem Gefängnis zu holen. Das deutsche Vertretungsbüro in Ramallah wurde eingeschaltet. Einige einflussreiche Leute versuchten, seine Freilassung auf diplomatischer Ebene zu bewirken. Unser Personalleiter bei der DMG setzte sich unermüdlich für uns ein und kam sogar für ein paar Tage zu uns herübergeflogen.

Gleichzeitig versuchten wir, Johnnys Geschichte so weit wie möglich aus der Presse herauszuhalten. »Das macht die Sache nur noch schlimmer!«, meinte unser Anwalt und wir vertrauten ihm. Gemeinsam fieberten wir dem 13. März 2022 entgegen, dem Tag, an dem Johnny dem Untersuchungsrichter vorgeführt werden sollte.

27 DAS SCHWERSTE KAPITEL UNSERES LEBENS

Voller Anspannung erreichten wir das Gerichtsgebäude in Bethlehem und stiegen die schmale Treppe hinauf in die erste Etage. Ein kalter Wind wehte durch den Wartebereich, der sich einem langen Flur anschloss und von mehr als zwanzig Türen gesäumt war. Alles sah verkommen und trostlos aus. Die alten Metallstühle waren alle besetzt. Der Flur war voller Menschen. Man sah nur wenige Frauen und die meisten von ihnen waren muslimisch gekleidet. Es war ein ständiges Kommen und Gehen, die Türen der Büros gingen unaufhörlich auf und zu.

Alle paar Minuten rief ein Gerichtsdiener mit unangenehm lauter Stimme Namen auf. Dann kam noch mehr Bewegung in die wartende Menge und einige verschwanden in den Büros. Unter all den Anwälten, die mit ihren langen Roben geschäftig auf und ab marschierten, entdeckten wir endlich Sami.

»Das wird noch dauern!«, meinte er zu Shady. »Ich hol uns erst mal einen Kaffee.«

Ich saß gegenüber der Tür, die zum Treppenhaus führte, und zitterte. Ich weiß nicht, ob vor Kälte oder vor Anspannung. Wahrscheinlich beides. Immer wieder führten Polizisten Gefangene herein und lieferten sie in einem der Büros ab. Und dann sah ich Johnny. In Handschellen, wie ein Verbrecher, begleitet von zwei Polizisten. Für wenige Sekunden begegneten sich unsere Blicke. Ich sah, wie er schluckte, um die Tränen zu verdrängen. Ich wollte ihm entgegenlaufen und ihn in den Arm nehmen, aber ich durfte es nicht.

Vor der Tür des Untersuchungsrichters wurden Johnny die Handschellen abgenommen. Shady und ich durften mit in den Raum gehen und auf einer Bank Platz nehmen. Johnny stand nur wenige Schritte von uns entfernt vor dem Richtertisch. Seine Anklage wurde verlesen. Der Staatsanwalt und unser Anwalt kamen kurz zu Wort und dann verkündete der Richter: »Haftverlängerung um fünfzehn Tage!«

Wir waren entsetzt. Sofort bekam Johnny wieder die Handschellen angelegt und die Polizisten führten ihn hinaus. »Deutschland!«, rief er mir zu, als er durch die Tür ging.

Ja, wir waren in Kontakt mit Deutschland und wir taten schon alles, was wir konnten. Aber in dieser Situation nützte ihm sein deutscher Pass leider gar nichts. Hier wurde er als Palästinenser behandelt. Wie im Schockzustand fuhren wir nach Hause. Doch was waren unsere Gefühle im Vergleich zu dem, was Johnny durchmachen musste? Ich ahnte, dass er jetzt am Boden zerstört war.

»*Haftverlängerung um fünfzehn Tage!*«

»Ich versuche es jetzt noch mal«, sagte ich zu Kareem, als ich mich zwei Tage später zu ihm in den Wagen setzte. »Du gibst die Wäsche ab und ich frage, ob ich Johnny sehen kann.«

Noch bevor wir losfahren konnten, klingelte Kareems Handy. Mein Mann war am Telefon. »Mein Bruder, ich bin nicht mehr im Untersuchungsgefängnis. Sie haben mich heute in ein anderes Gefängnis verlegt. Es ist genau hinter der Geburtskirche. Hier darf ich telefonieren und ihr könnt mich auch besuchen!«

Voller Freude fuhren wir los und kamen nur wenige Minuten später vor dem Gefängnis an. Wie oft war ich hier schon vorbeigefahren? Es war mir nie aufgefallen, dass dieses alte arabische Haus ein Gefängnis war! Und noch weniger hätte ich gedacht, dass ich hier mal meinen Mann besuchen würde.

Nach mehrmaligem Klingeln öffnete sich eine kleine vergitterte Luke in der schweren Eingangstür. Ein Wächter schaute hindurch und fragte nach unseren Ausweisen. Bald darauf stiegen wir die steilen Stufen des Innenhofs hinunter und unterzogen uns in getrennten Räumen einer Leibesvisitation. Dann ging es eine weitere Treppe hinunter, die in eine Art Verlies führte. Das war der Besucherbereich. Mehrere Leute standen hier, um durch ein Metallgitter mit ihren Angehörigen zu sprechen.

Meine Augen suchten nach meinem Mann. Da stand er, als Dritter in der Reihe. Sobald er mich erblickte, brach er in Tränen aus. Ich wollte ihn so gerne in die Arme nehmen oder seine Hand halten. Doch die beiden Gitterwände waren so weit voneinander entfernt, dass man nicht einmal die Fingerkuppen des anderen berühren konnte.

Die Leute neben uns waren so laut, dass wir uns nur schlecht verstehen konnten. Immer wieder erstickten Tränen Johnnys Worte. Es zerriss mir das Herz, ihn so zu sehen. Doch ich versuchte, stark zu bleiben und ihm Mut zuzusprechen. »Unser ganzer Freundeskreis betet für dich. Wir haben schon Hunderte von E-Mails erhalten. Vertraue Gott. Er wird dich erretten!«

Doch der Feind versuchte weiter, uns zu schaden. Unser Vorstand wurde zum Rücktritt gezwungen. Das Innenministerium setzte einen vorübergehenden Vorstand bestehend aus Mitgliedern unseres Beirats ein. Innerhalb eines Monats sollten wir Neuwahlen durchführen, so die Auflage. Nachdem der Termin dafür festgelegt war, trafen wir uns, um zu besprechen, wer für den neuen Vorstand kandidieren sollte. Während wir noch versammelt waren, rief Johnny aus dem Gefängnis an und sprach mit einigen aus unserer Mitte. Als wir uns verabschiedeten, waren wir mit unseren Absprachen zufrieden und fühlten uns für die Wahl, die fünf Tage später stattfinden sollte, gut vorbereitet. Auch hofften wir, dass Johnny bis dahin freigelassen würde, denn einen Tag vor der Wahl sollte seine Haftverlängerung enden.

Noch am selben Abend bekam ich einen erschreckenden Anruf. Es war Ghassan, der erste Vorsitzende unseres vorübergehenden Vorstands. »Das Innenministerium hat mir gerade mitgeteilt, dass sich in den nächsten Tagen fünfzehn Personen um Mitgliedschaft bei uns bewerben werden. Diese Leute sollen bei der Wahl am Freitag stimmberechtigt sein und sogar für den Vorstand kandidieren können!«

Ich war am Boden zerstört. Das durfte doch nicht wahr sein! Das Innenministerium wollte uns wildfremde Leute aufzwingen, die weder unsere Werte noch unsere Vision teilten! Im Geiste sah ich schon, wie unser Haus übernommen wurde und Menschen sich darin breitmachten, die mit unserem Glauben und Auftrag nichts zu tun hatten.

»Das darf nicht geschehen, oh Herr! Bitte lass nicht zu, dass Fremde in unseren Vorstand kommen!«

> »Bitte lass nicht zu, dass Fremde in unseren Vorstand kommen!«

Allein der Gedanke daran war unerträglich! Doch was konnte ich tun? Ich fühlte mich hilflos und ausgeliefert. Ich wusste, ich musste jetzt all das, was wir in den vielen Jahren aufgebaut hatten, loslassen und erneut in Gottes Hand legen.

»Oh Herr!«, betete ich. »Ich kann nicht mehr. Ich weiß nicht mehr aus noch ein. Ich gebe dir das Beit Al Liqa'. Es ist nicht unser Haus, es ist dein Werk! Und wer sich mit diesem Werk anlegt, der legt sich mit dir an! Bitte greif du ein!«

Am nächsten Abend hatte ein palästinensischer Journalist aus Beit Jala, der jetzt in Amerika lebt, eine Livesendung über Facebook, in der er über Johnnys Situation sprach. Er klagte die Leute von Beit Jala an, weil sie so passiv waren und sich nicht für Johnny einsetzten, obwohl er die letzten dreißig Jahre nur Gutes für die Menschen in der Umgebung getan hatte. Und dann sagte er: »Und ihr fünfzehn Spione, die ihr versucht, diese tolle Arbeit zu zerstören, ihr solltet euch schämen!«

Einen Tag später kam ein Mann in unser Büro und bat um einen Antrag auf Mitgliedschaft für das Beit Al Liqa'. Doch noch bevor unsere Mitarbeiterin ihm antworten konnte, bekam er einen Anruf, durch den er zurückgepfiffen wurde. Damit war die Sache vom Tisch. Es kam nie wieder jemand, um sich für die Mitgliedschaft zu bewerben.

Doch Johnny wurde nicht aus dem Gefängnis entlassen. Er bekam nochmals eine Haftverlängerung von fünfzehn Tagen. Es war zum Verzweifeln. So blieb uns nichts anderes übrig, als die Neuwahlen ohne ihn durchzuführen. Ein neuer Vorstand wurde aus unserem kleinen Kreis der Mitglieder gebildet. Das Beit Al Liqa' war fürs Erste gerettet.

Dennoch ging die Achterbahnfahrt der Gefühle weiter. Meine Besuche bei Johnny jeden Dienstag und Samstag waren sehr schmerzhaft. Immer wieder versuchte ich, ihm Mut zuzusprechen, aber seine Verzweiflung nahm täglich zu. Kein Wunder, denn von seinen Mitgefangenen hörte er viele schlimme Geschichten. Die meisten seiner Zellengenossen wurden ohne Gerichtsverfahren festgehalten. Manche waren schon monatelang da, andere Jahre. Alle fünfzehn Tage wurden sie dem Untersuchungsrichter vorgeführt und bekamen eine Verlängerung. Genau wie Johnny.

Doch er gehörte nicht zu den Verbrechern und Mördern in seiner Zelle. Diese Menschen waren nicht grundlos hier, während es für Johnny nicht einmal eine richtige Anklage gab. Den Satz »Verletzung der Gefühle des palästinensischen Volkes« hatte man benutzt, weil man im Grundgesetz keinen stimmigeren Passus gefunden hatte.

Johnny hatte keine Schuld auf sich geladen und doch wurde er wie ein Verbrecher behandelt, zusammengepfercht mit zwanzig anderen in einer dunklen Höhle. Ohne Privatsphäre. Auf einer dünnen Matratze auf dem Boden. Direkt neben einem Fernseher, der Tag und Nacht lief. Unter Männern, die ständig schlechte und schmutzige Worte gebrauchten. Gewalttätige Menschen, die sich oft prügelten und ihn mehrere Male bedrohten. Warum, um alles in der Welt, musste er all das erleiden? Warum befreite Gott ihn nicht aus dem Gefängnis?

Alle fünfzehn Tage wurden sie dem Untersuchungsrichter vorgeführt und bekamen eine Verlängerung.

Doch auch in dieser aussichtslosen Lage konnte mein Mann immer wieder Gottes Liebe spüren und diese sogar an Mitgefangene weitergeben. Zwei der anderen Insassen begannen, in der Bibel zu lesen.

Unser Anwalt Sami versuchte, Johnny auf Kaution freizubekommen. »Es sieht gut aus!«, sagte er uns einige Male, doch es passierte nichts.

»Haltet euch bereit, Johnny abzuholen!«, meinte er an einem anderen Tag. »Ich bin bei Gericht und warte auf die Bestätigung seiner Freilassung von der Staatsanwaltschaft!«

Auch dieses Mal warteten wir vergeblich. So ging es tagelang. Jeden Morgen hofften wir, dass Johnny entlassen wird. Und jeden Mittag schwand unsere Hoffnung dahin. Es war nicht auszuhalten. Johnnys Verfassung wurde immer schlechter und wir hatten irgendwann keine Worte mehr, um ihn aufzumuntern. Dann ging der Untersuchungsrichter in Urlaub und sein Vertreter unterschrieb seinen Kautionsantrag. Endlich war Johnny frei.

Nach genau vierzig Tagen! Welch eine Erleichterung! Was für ein Wunder!

Doch die vierzig Tage im Gefängnis waren nicht spurlos an meinem Mann vorübergegangen. Er war emotional und körperlich erschöpft und brauchte lange, um sich zu erholen. Und ich litt mit ihm. Zwar kamen uns nach seiner Freilassung viele Menschen besuchen, um uns ihre Solidarität zu zeigen, doch Johnny war tief verletzt. Er fühlte sich von ihnen im Stich gelassen, denn nur wenige hatten sich für ihn stark gemacht.

Und dann war da immer noch die Frage nach dem Warum. Warum hatte Gott das alles zugelassen? Was war der Sinn dahinter?

»Ich weiß es nicht!«, sagte mein Mann. »Doch ich weiß, dass Gott bei mir war, auch wenn ich ihn manchmal nicht gespürt habe. Sein Wort war mein einziger Trost. Ich habe jeden Tag stundenlang in der Bibel gelesen. Ich habe viel an Josef gedacht, der unschuldig im Gefängnis saß. Oder an Hiob, der all das Unglück ertragen musste, das über ihn kam. Und dann sah ich immer wieder Jesus vor mir, der ohne Grund angeklagt und sogar getötet wurde. Ich habe mich sehr stark mit ihm identifiziert und sein Opfer noch mal ganz anders wahrgenommen. Seine Liebe zu mir hat mich in dieser schweren Zeit durchgetragen.«

Bis heute ist das bisher schwerste Kapitel unseres Lebens noch nicht beendet.

Bis heute ist das bisher schwerste Kapitel unseres Lebens noch nicht beendet. Johnnys Gerichtsverfahren läuft immer noch. Alle paar Wochen gibt es eine Verhandlung. Ein Freispruch ist kaum zu erwarten, denn dadurch würden die Ankläger ihr Gesicht verlieren. Daher wird man den Fall wahrscheinlich so lange weiterlaufen lassen, bis er in Vergessenheit gerät.

Doch wir werden dieses Kapitel niemals vergessen. Vielleicht werden wir nie ganz begreifen, was da eigentlich geschehen ist.

Auch haben wir lange gebraucht, um den Menschen zu vergeben, die uns so viel Leid angetan haben.

Aber selbst an den schlimmsten Tagen, wenn mir nicht nach Singen und Beten zumute war, wusste ich doch tief in meinem Inneren, dass Gott uns in seiner Hand hält und alles gut machen wird. Unser Gott ist treu! Er geht mit uns durch die tiefsten Tiefen und er richtet uns wieder auf!

28 EINE AKAZIE IN DER WÜSTE

»Fertig!« Zufrieden trete ich von meiner Staffelei zurück und betrachte mein Kunstwerk. Was für ein wunderschönes Motiv! Ein Akazienbaum in der Wüste Negev. Einsam steht er mitten im Nirgendwo in der unendlichen Weite. Etwas windschief und bizarr sieht er aus. Seine dichte Krone besteht aus Tausenden feinen Zweigen, die sich wie ein großer Schirm über dem knorrigen Stamm ausbreiten. Von Weitem wirkt er fast abgestorben. Doch aus der Nähe entdeckt man an den zerbrechlich wirkenden Ästen feine grüne Blätter. Der Boden um den Baum herum ist von Steinen übersät. Dazwischen leuchten vereinzelt trockene Grasbüschel in hellem Gelb. Am Horizont begrenzt eine Bergkette die endlose Weite der Wüste. Auch hier stehen ein paar Akazien in großem Abstand zueinander.

Vom ersten Augenblick an habe ich mich in dieses Bild verliebt. Die Akazie bedeutet mir sehr viel. Oft fühle ich mich genau wie sie. Allein auf weiter Flur. Um mich herum nur trockenes Land. Nur wenige Menschen sind in meiner Nähe, die mich kennen und verstehen, wie ich wirklich bin. Viele Steine wurden mir schon in den Weg gelegt. Einige haben mich zum Stolpern und Fallen gebracht. Doch ich bin nicht am Boden geblieben. Ich habe mich immer wieder aufgerafft.

Auch gab es Zeiten, in denen mir der Wind unbarmherzig entgegenschlug und mich gebeugt zurückließ. Probleme und Herausforderungen haben mich tief verletzt und müde gemacht. Doch trotz des Wassermangels um mich herum grünt es in meinen Zweigen. Trotz mancher Rückschläge erlebe ich Wachstum und Segen.

Das Besondere an meinem Gemälde ist nicht der Baum selbst. Es ist das Licht, das durch den Baum hindurchstrahlt und ihn auf wunderbare Weise erleuchtet. Die Strahlen der Sonne weit hinten am Horizont machen die Schönheit dieses Baumes aus. Genau so sehe ich mich. Nicht ich habe die Kraft aus mir selbst heraus, den Herausforderungen des Lebens standzuhalten. Nur durch Jesus kann ich stark sein, weil seine Kraft in mir mächtig wird. Erleuchtet von Gottes Licht möchte ich ihm die Ehre geben. Ich wünsche mir, dass Menschen dieses Licht in meinen Augen sehen, wenn sie mir begegnen – Gottes Liebe, die mich erfüllt und meinem Leben wahre Schönheit verleiht.

Was für ein Kunstwerk! Welch wunderbare Bedeutung hat das Gemälde für mich! Wie sehr hilft mir die Malerei, das Gleichgewicht in meinem Alltag zu erhalten. So

> *Nur durch Jesus kann ich stark sein, weil seine Kraft in mir mächtig wird.*

lange hat mir das gefehlt. Etwa siebzehn Jahre lang kam ich nur selten zum Malen. Als unsere Kinder klein waren, hatte ich keine Zeit. Später war ich mit dem Aufbau unserer Arbeit beschäftigt. Ich vermisste meine kreative Seite zwar, aber mein Leben war zu voll, um auch noch einem Hobby nachzugehen.

Als wir unser neues Zentrum gebaut hatten, brauchten wir Bilder für die vielen kahlen Wände. Wir fuhren nach Jerusalem, um Kunstdrucke zu kaufen. Während ich den Laden durchforstete, überfiel mich eine tiefe Traurigkeit. Wie gerne hätte ich Bilder für das Beit Al Liqa' gemalt! Aber ich konnte mir nicht vorstellen, das zeitlich zu schaffen. Daher kauften wir ein paar Drucke und verteilten sie im Eingangsbereich und im Speisesaal. Einige Jahre später waren wir wieder in dem Laden. Diesmal wollten wir Bilder für die Gästeräume kaufen, die auf einer Etage entstanden waren. Doch ich fand nichts, was mir gefiel.

Das kann ich auch!, dachte ich beim Anschauen der Poster.

»Weißt du was, Johnny? Wir kaufen nichts. Ich male die Bilder selbst!«, entschied ich schließlich.

Mein Mann nickte erfreut. Schon immer hatte er meine Gemälde geliebt. Wir fuhren nach Hause und ich packte endlich meine Malutensilien wieder aus. Das war im Jahr 2009. Seitdem habe ich nicht mehr aufgehört, zu malen.

Ich versuchte mich eine Zeit lang mit Aquarellen und Pastellen und stieg dann auf die Acrylmalerei um. Ich male nicht in der Natur, sondern mache Fotos von meinen Motiven. So halte ich Momente fest, für die ich mir später genügend Zeit nehmen kann, ohne dass sich das Licht verändert. Wenn ich unterwegs bin, habe ich immer meine Kamera dabei. Ständig bin ich auf der Suche nach dem richtigen Blickwinkel.

Mir geht es bei meiner Malerei darum, das besondere Flair dieses Landes festzuhalten. Natürlich gehören dazu bekannte Blicke wie mein Jerusalem-Panorama, das ich vom Ölberg aus aufgenommen habe. Oder die Klagemauer mit dem Felsendom im Hintergrund. Das Jaffator oder das Dungtor zählen auch zu meinen Motiven, viele bekannte Orte, die man wiedererkennt, wenn man schon einmal im Land gewesen ist. Doch am meisten liebe ich Landschaftsbilder ohne Gebäude. Natur pur sozusagen.

In den Bergen außerhalb unserer Stadt habe ich schon viele Malvorlagen gefunden. Das Tal Makhrour erstreckt sich etwa fünf Kilometer lang von Osten nach Westen, in seiner Verlängerung Richtung Beit Shemesh soll die Schlacht zwischen David und Goliath stattgefunden haben. Es ist der einzige Ort in der Provinz Bethlehem, an dem wir spazieren gehen und Natur erleben können. Das meiste Land in Makhrour gehört Familien aus Beit

Jala. In den letzten Jahren haben einige Leute ihre Grundstücke bearbeitet und bepflanzt. Es ist ein fruchtbares Land, auf dem alles wächst: Olivenbäume, Trauben, Aprikosen, Äpfel und vieles mehr. Im Wechsel der Jahreszeiten entdecke ich hier immer neue Motive.

Im Frühling sind die Felder mit Tausenden gelben und lila Blumen übersät. Dazwischen stehen Mandelbäume in weißer Blütenpracht. Im Sommer stechen die dunkelblauen runden Distelblüten in dem gelbbraunen Gras besonders hervor. Im Herbst gefallen mir die Aprikosenbäume in den terrassenförmig angelegten Gärten am meisten. Das Gelb ihrer Blätter leuchtet unfassbar hell gegen den tiefblauen Himmel. Und im Winter stellen die knochigen Stämme und Zweige der fast kahlen Feigenbäume ein besonders schönes Motiv dar. Immer wieder finde ich neue Blickwinkel, die ich später auf meiner Leinwand festhalte.

Ab und zu war ich in den letzten Jahren am See Genezareth. Die leuchtenden Blumen und rauschenden Palmen vor dem blauen Wasser mit den sanften Hügeln im Hintergrund lassen mein Herz jedes Mal höherschlagen. Stundenlang war ich dort unterwegs und fand immer neue Motive. Einmal machte Johnny mit mir eine Tour durch den Norden. Wir kamen an Orte, die ich noch nicht kannte, und meine Kamera war ständig im Einsatz, um Bilder einzufangen, die ich später malen wollte.

Was ich besonders liebe, ist die Vielfalt der Landschaftsformen und die krassen Gegensätze, die man in diesem kleinen Land findet: fruchtbares Land und Wüste, Berge und weite Ebenen, Wasser und Sand und überall ganz viele Steine. All das fasziniert mich und regt mich zu immer neuen Bildern an. Meine Lieblingsmotive sind aber eindeutig Bäume. Majestätische Palmen, uralte Olivenbäume, knorrige Feigenbäume und einsame Akazien. Ein schöner Baum ist immer ein Gemälde wert.

In den letzten Jahren habe ich mich in meiner Malerei sehr weiterentwickelt. Das meiste davon habe ich mir selbst beigebracht oder durch das Internet gelernt. Zum Beispiel, wie man ein Bild anfängt. Der erste Pinselstrich auf einer weißen Leinwand ist immer ein mutiger Schritt. Womit startet man? Wie mischt man den richtigen Farbton?

Ein schöner Baum ist immer ein Gemälde wert.

Ich beginne eigentlich immer mit dem Himmel. Danach arbeite ich mich in den Vordergrund vor. Dabei konzentriere ich mich erst mal auf das Wesentliche, bevor ich mich in Details verliere. Ich grundiere einzelne Flächen. Im Hintergrund haben sie einen helleren Ton und zum Vordergrund hin werden sie intensiver. Erst dann beginne ich mit den Feinheiten.

Ein Satz, der mir von einem Unterrichtsvideo im Internet hängen geblieben ist, lautet: »Keep it crazy complicated!« Damit meinte der Künstler den Malstil. Es auf verrückte Weise kompliziert zu machen, bedeutet in dem Zusammenhang, möglichst viele Farben neben- und übereinanderzulegen. Auf diese Weise wirken einfache Farbflächen interessanter, funkelnder und vielschichtiger. Manchmal sitze ich an meiner Staffelei und pinsele stundenlang kleine Striche in verschiedenen Farben auf die Leinwand: Grün, Blau, Türkis, Lila, Gelb, Braun und alle möglichen Mischungen und Helligkeitsgrade aus diesen Farben. Oft benutze ich dabei Farben, die in der Natur in dem Motiv so nicht vorkommen.

Wenn ich bei der Arbeit direkt vor meinem Werk sitze, sieht es manchmal wie ein großes Wirrwarr von Farben und Formen aus. Doch wenn ich ein paar Schritte zurücktrete und das Bild aus der Ferne betrachte, ergeben die Flecken, Striche und Punkte einen Sinn. Dann erkenne ich einen Baum mit Ästen, Zweigen, Blättern und Blüten. Genauso ist es in meinem Leben. Erst mit einem gewissen Abstand sehe ich, wie sich alles zu einem wunderschönen Bild zusammenfügt. Auch die dunklen Stellen, die von der Hintergrundfarbe hier und da noch hindurchblitzen, haben ihre Bedeutung. Sie lassen die hellen Töne im Vordergrund umso heller strahlen.

Das Schöne an der Acrylmalerei ist, dass man Fehler leicht ausbessern kann. Wenn mir ein Farbton nicht gefällt, male ich einfach drüber. Auch wenn die Pinselstriche der Untergrundfarbe noch durch die obere Farbschicht hindurchscheinen, mindert das nicht die Schönheit des Gesamtwerks. Ganz im Gegenteil! Die Pinselspuren bringen Struktur und Tiefe in das Bild und lassen es dadurch noch interessanter wirken.

Ich liebe die Malerei! Bei keiner anderen Aktivität fühle ich mich so lebendig wie beim Malen. Mit dem Pinsel in der Hand bin ich Gott, dem Schöpfer, besonders nahe. Ich habe teil an seiner Kreativität. Ich fühle mich wohl, wenn ich etwas erschaffen kann. Wie in anderen Bereichen meines Lebens gebe ich mein Bestes, damit das Kunstwerk meinem himmlischen Vater gefällt. Und natürlich muss Johnny es schön finden. Sonst macht es mir keinen Spaß!

Die dunklen Stellen lassen die hellen Töne umso heller strahlen.

Auch wenn ich nur selten aus der Provinz Bethlehem herauskomme, kann ich mich beim Malen doch in die schönsten Landschaften versetzen. Ich lebe praktisch in dem Bild, das ich gerade male, und genieße die Schönheit der Natur, die vor meinen Augen entsteht. Oft vergesse ich dabei Raum und Zeit und tauche in eine andere Welt ein. Eine Welt ohne Zäune, Mauern und Checkpoints. Manchmal träume ich dabei von der neuen Welt, die Gott für uns im Himmel bereithält.

Der bekannte Sänger und Songwriter Keith Green, der leider viel zu früh von uns gegangen ist, besingt in dem Lied »I can't wait to get to heaven«[1] die Schönheit der Natur auf der Erde und sagt:

> Ich kann es kaum erwarten, in den Himmel zu kommen,
> wo du all meine Ängste wegwischen wirst.
> Du hast die Welt in sechs Tagen erschaffen,
> aber du arbeitest schon seit zweitausend Jahren am Himmel.

Ja, seit zweitausend Jahren arbeitet Gott daran, uns ein Zuhause im Himmel zu bereiten! Wie viel schöner und wunderbarer wird es dort sein! Ich freue mich schon darauf. Und ich hoffe, dass Gott genügend leere Leinwände für mich bereithält!

---

[1] ©1983 Last Day Ministries.

WENN GOTT DEN PINSEL SCHWINGT

Wie schon als Kind beobachte ich heute noch gerne die Wolken. So schön der strahlende blaue Himmel in unserem Land auch ist, ein paar Wolken machen ihn meiner Meinung nach viel interessanter. Manchmal schaue ich nach oben und fange an zu schmunzeln. *Da hat aber jemand wild mit dem Pinsel herumgefuchtelt!*, denke ich. *Solche weißen Kreationen auf blauem Hintergrund hätte ich mich nicht zu malen getraut.*

Aber Gott, der große Meistermaler, ist einfach unglaublich kreativ. In jeder Wolke, jedem Baum, ja, in der gesamten Natur bewundere ich seine einzigartige Schöpferkraft. Und er malt Lebensbilder von solcher Intensität, Strahlkraft und Schönheit, dass ich aus dem Staunen nicht herauskomme.

Allein, was er aus Johnny und mir gemacht hat, ist einfach erstaunlich! Aus zwei verschiedenen Welten hat er uns zusammengeführt, um aus unserem Leben in jahrelanger Kleinarbeit ein wunderbares Kunstwerk zu schaffen. Was mit vielen Kontrasten begann, hat er zu einem harmonischen Ganzen werden lassen. Auch wenn vieles bei uns auf verrückte Weise kompliziert ist, so gehört das einfach mit auf die Leinwand. Selbst die dunklen Stellen in meinem Leben hat Gott benutzt, um etwas Gutes daraus zu machen. Er hat sie zugelassen, um mich demütig und dankbar zu machen. Sie erinnern mich daran, dass mein Wert auf seiner großen Gnade beruht und nicht auf meiner Leistung.

Alles, was ich bin und habe, ist nicht mein Verdienst. Ich habe mich Gott zwar als Leinwand zur Verfügung gestellt, aber er wählt die Farben aus und führt die Pinselstriche, so wie es ihm gefällt.

Und es ist herrlich, zu sehen, was hier in den letzten Jahren entstanden ist. So viel Segen haben wir im Beit Al Liqa' erlebt! So viele Menschen, die täglich in unserem Zentrum ein- und ausgehen. So viele Herzen, die wir mit Gottes Wort erreichen.

Auch wenn vieles bei uns auf verrückte Weise kompliziert ist, so gehört das einfach mit auf die Leinwand.

Manchmal sitze ich im Garten unter dem Feigenbaum und schaue zu, wie junge Eltern auf unserem Spielplatz mit ihren Kindern spielen. Welch ein friedliches und wohltuendes Bild! Ganz anders als die Bilder von Palästinensern, die man aus den Nachrichten kennt. Wie gerne wollen wir Menschen weiterhin in diese Richtung prägen, ihnen Richtlinien für ihr Leben und Hoffnung für die Zukunft geben.

Ein besonderer Segen für uns als Eltern ist, dass unsere Kinder alle mit Jesus leben. Das ist das größte Geschenk, das wir uns vorstellen können.

Für uns ist es ein Segen, dass einige von ihnen im Beit Al Liqa' mitarbeiten und die Vision, mit der wir die Arbeit gestartet haben, in die nächste Generation weitertragen.

Gott hat mich mit meiner Familie reich beschenkt. Wenn ich mir anschaue, wie farbenfroh mein Leben geworden ist, kann ich nur staunen. Früher als Jugendliche und junge Erwachsene war mir oft langweilig. Ich habe viel Zeit verschwendet mit Nichtstun und war ständig unzufrieden. Doch Gott hat mir die Jahre, die mir »die Heuschrecken« weggefressen haben, um ein Vielfaches zurückerstattet (Joel 2,25). Ich fühle mich mit allem überreich beschenkt.

Gott ist noch nicht fertig mit meinem Gemälde. Immer wieder fügt er neue Details hinzu. Doch er arbeitet nicht nur an mir. Ich darf beobachten, wie er um mich herum immer neue Kunstwerke erschafft. Bei meinen Kindern und Enkelkindern, bei unseren Mitarbeitern und anderen Menschen aus Beit Jala schwingt er seinen Pinsel auf faszinierende Weise.

Der schönste Moment beim Malen für mich ist, wenn ich die letzten Pinselstriche auf meinem Gemälde mache. Dann wandern meine Augen noch einmal prüfend über die Leinwand, um zu sehen, ob ich kein Detail vergessen habe. Danach trete ich ein paar Schritte zurück und lasse das Gesamtwerk auf mich wirken. Wenn alles stimmig ist, greife ich mir einen feinen Pinsel und setze meine Unterschrift in eine der unteren Ecken der Leinwand. Fertig! Ein neues Kunstwerk wandert in meine Galerie, wo es bewundert oder gekauft werden kann.

Manchmal sitze ich in meinem kleinen Ausstellungsraum und freue mich an den vielen verschiedenen Bildern. Jedes Gemälde hat seine eigene Geschichte. In jedem steckt ein Teil von mir. Wie viel Freude und Erfüllung hat Gott mir durch meine Kreativität geschenkt!

Sicher geht es ihm genauso bei den vielen Lebensbildern, die er malt. Ich freue mich schon auf seine große Galerie im Himmel! Und ich hoffe, dass ich unter den zahllosen Kunstwerken auch viele palästinensische finde.

Anna Müller (Hrsg.)

Warum uns Israel fasziniert
15 Geschichten

Israel bewegt und fasziniert viele Menschen. Gleichzeitig gibt es keine Nation, über die so heiß diskutiert wird. Hier erzählen 15 Menschen ihre persönliche Geschichte mit Israel. Und was ihnen die Motivation gibt, sich für Israel zu engagieren – über so manche Hindernisse hinweg.

Gebunden, 17 × 23,5 cm, 192 S.,
4-farbige Innengestaltung
Nr. 396.124, ISBN 978-3-7751-6124-4

Duby Tal (Fotograf), Shimon Gibson, Moni Haramati

Israel von oben
Atemberaubende Luftaufnahmen
zur biblischen Archäologie

Schlagen Sie diesen außergewöhnlichen Bildband auf,
steigen Sie zu Duby Tal in den Hubschrauber und fliegen Sie über all die Stätten, die auch heute noch Einblick
in die reiche Geschichte des Heiligen Landes geben. So
haben Sie das Heilige Land noch nie gesehen!

Gebunden, 24 × 33 cm, 256 S.
Nr. 227.002.027, ISBN 978-3-417-02027-4

David Byle, Ulrike Byle, Anna Lutz

Zwei für einen
Ein Missionarsehepaar zwischen Islam,
Gefängnis und Großfamilie

Die Geschichte eines christlichen Ehepaars, das zwischen Islam und Verfolgung Gott erlebt – auf ganz unterschiedliche Weise. Sie erleben, wie Gott auf wundersame Weise eingreift und bewahrt. Wie sein Licht die Dunkelheit erfüllt und Herzen für Jesus öffnet.

Klappenbroschur, 13,5 × 21,5 cm, 256 S.,
inkl. 16-seitigem Bildteil
Nr. 396.112, ISBN 978-3-7751-6112-1